貨物列車のあゆみ

～鉄道貨物の歴史と未来～

小島英俊
Kojima Hidetoshi

交通新聞社新書 176

まえがき

私は近年、鉄道史の領域でもささやかな執筆を続けている。ここまで鉄道技術、車両の造形、鉄道快適化、鉄道高速化、鉄道文化など結構幅広く書いてきたが、貨物列車については本格的な調査も執筆もほとんど手つかずのままであった。その理由は、何となく、しかし自然に私の関心が旅客列車に向かっていたからで、鉄道に興味のある読者の皆さんもそのような方々が多いのではないだろうか。それは、やはり大きな原因として、乗車の機会がないことがそうさせているように思われる。

しかし、私には貨物列車に関して断片的ながら強烈な印象は持っている。約十年ほど前だったか、大宮駅のホームで列車を待っていると、突如、電気機関車が長い貨物列車を牽いて眼前を通過していった。人が乗っていない無機質な貨車が大音響を上げて眼前を走る光景に圧倒され、畏怖の念すら覚えてしまった。ただ同時に、この列車の貨車に飛び乗ってしまったら未知の世界に連れて行ってくれるのかも知れないという思いを抱いたのも事実である。

思い返せば、少年時代に上中里の高台で育った私は、眼下に広がる広大な田端操車場をよく見に行っていた。そこには人工的に造った丘、すなわちハンプがあって、９６００形という旧い蒸気機関車が10両程度の貨車を坂上に押し上げて、先頭の貨車が頂上に達すると連結器が外され、作業員が一人ずつ貨車の脇にぶら下がって坂を下っていく。彼らは足踏みブレーキを踏んで速度を調整しながら、ポイントで仕分けられた線へと入り、新たな編成に連結されて列車が組成されていく。現在の日本ではもはや見ることのできない、とても危険な作業であったが、少年の私にはとても勇壮に感じ今でも鮮明に想い出せる。

そんなきっかけもあって、未だ機会のなかった貨物列車について調べ始めたところ、体系だった「貨物列車の歴史」や「鉄道貨物輸送の本質」といったことを書いてみたい思いが沸き上がってきた。そこで、鉄道貨物の総本山であるＪＲ貨物に直接あたってみようと、思いきって同社総務部・広報課にコンタクトしたところ、実に懇切に対応していただいた。ここに至って私の意欲は一気に高まり、執筆を決意したのである。これで私は勇躍して、さまざまな貨物列車に関する資料にあたっていった。さらに、アメリカやイギリス、そして中国の貨物列車の歴史に関する書も取り寄せるなどし、幅広い資料が手元に整ったのである。

改めて調べていくと、貨物列車とは予想以上に幅広く奥深く興味深いテーマであることが実感されてきた。それは明治時代からの歴史的推移の中で見て初めてわかるものである。そして、私の思い出深い操車場が日本では今や全廃されているのは、コンテナ列車をはじめとして、石油などの専用列車など、貨物列車のほぼ全てが直行列車に特化しているからで、海外では操車場はまだまだ健在である。また、最新の高速貨物列車「スーパーレールカーゴ」は電車列車であり、東海道在来線で最速であったかつての特急「こだま」よりも速いのである。

日本の鉄道貨物の現況を見ると、トラック輸送に押された状態で推移しているのは事実である。ただこの現象は、国土が狭くしかも沿岸部に人口や産業が稠密な日本においての特徴であり、国土が広く貨物の輸送距離の長いアメリカや中国のような大陸国家では、今でも鉄道は貨物輸送の主役として存在感は大きいし、その輸送方法は実に大規模で壮大である。

本書では、当然日本の鉄道貨物輸送を中心として書いたが、そこには国際的な基準から見た位置づけも必要だと考え、日本の鉄道貨物の初期においてはイギリスとの対比、近時においてはアメリカや中国との対比にも適宜言及しているほか、アメリカでの海上コンテナのダブルスタック輸送や、中国の長大な石炭列車の存在などにも目を向けている。

そして、現在のＪＲ貨物の貨物輸送は、国鉄時代の反省から、思い切ったスリム化、合理化がなされているので、その現状をお伝えすると同時に、国鉄時代の貨物輸送において煩雑だった体系をいかにわかりやすく簡潔にお伝えするかにも意を砕いている。さらに、鉄道貨物の将来に何が待っているか、何を期待するかにも言及していきたい。私は「書は楽しくわかりやすくあるべきである」と考えているし、テーマの性格からいっても、なるべく多くの写真、図表などを私の筆力を補う意味で掲載している。本書を手に取っていただいた読者の皆さんには、１５０年以上の歴史を持つ鉄道貨物輸送の「全体史」として、本書を読み進めていただければ幸いである。

貨物列車のあゆみ　鉄道貨物の歴史と未来――目次

第２章　貨物用車両の進化と発展……51

序章

貨物列車の基礎知識

私はこれまでの執筆の中で、いきなり第1章の本文に入るとちょっと唐突ではないか、大まかな予備知識を提供した方がよいのではないか、と判断される場合、序章を設けるようにしてきた。鉄道史において、一般の方々が馴染んでおられる旅客列車や旅客駅を対象にする場合はその必要性はあまりないだろうが、貨物列車が対象ということもあり、念のためのウォーミングアップとして、貨物列車の基本についてご紹介したい。

旅客と貨物の決定的な違い

旅客も貨物も出発地から目的地へ向から行程は究極「ドア・トゥー・ドア（戸口から戸口へ）」である。旅客の場合の戸口は、主に家やオフィスや観光地などであり、貨物の場合の戸口とは工場や倉庫、店舗などであろう。いずれの場合も戸口は通常、鉄道駅に隣接していない。旅客列車の乗客は、乗降も乗換も駅と戸口間の移動も自分でしてくれるのに対して、貨物は自分では絶対に動いてくれない。このため、貨物の積み降ろし、貨物の積み替え、貨車の入れ替え、最寄り駅と戸口間の移動などの全てにおいて、鉄道輸送をはじめ、貨物駅・操車場（ヤード）における入れ替え作業、トラックによる輸送などが必要になってくる。トラック輸送が大きなシェアを持つ大きな理由の一つは、「戸口から戸口へ」の直行輸送ができるからである。

複雑な貨物列車の運行

とりあえず、最寄り駅と戸口との間の輸送は放念して、貨物列車の始発駅から終着駅までの運行にだけに限ってみても、それは旅客列車の運行よりはるかに複雑にならざるを得ない。要求される貨物を運ぶ行程は、さまざまな始発駅からさまざまな終着駅へと千差万別である。トラックであれば、個別のそれぞれの要求に応じて1台単位で仕立てられるが、長大な貨物列車ではそうはいかない。そこで、似たような行程の貨車を連結して運び、途中の駅や操車場で貨車を仕分け、編成を組み直して、また次の目的駅まで運行する。通常、こうしたことを何ヵ所かで何回か繰り返し、列車はやっと終着駅に到着する。この複雑な行程・仕組みが長年、鉄道貨物輸送の神髄であったのである。

本文でできるだけ簡潔にご説明するが、鉄道貨物の輸送には時代的変遷があって、「車扱い貨車輸送」の時代（1872〜1925年）／「貨車集結輸送」の時代（1926〜1986年）／「貨車直行輸送」の時代（1987年〜現代）、という三つに主として区分できる。その中で、最も複雑な作業を伴ったのは「貨車集結輸送」時代で、先述の複雑な行程・仕組みは、その頃の主な貨物列車の運行方法であった。現在でも、スマートな見かけの新型機関車がカラフルなコンテナ列車や石油専用タンク列車などを牽引している姿を見ることができるが、これらは雑多な貨物輸送をトラック輸送に譲り、「貨車直行輸送」へと移行した後の姿なのである。

貨車は〝無宿者〟であった

1872（明治5）年に新橋～横浜間に鉄道が開通した時には、新橋駅と横浜駅の傍らに「機関車庫」「客車庫」「荷物車庫」が設けられた。すなわち車両の運行、検査、修繕、乗務員の管理を行う基地が必要であり、その後、鉄道の延伸に伴って各地に「車両基地」と総称される車庫が設けられた。具体的には、機関車については「機関区」など、客車については「客車区」など、電車については「電車区」などが各地に設けられた。したがって、機関車や客車や電車の1両ごとにその面倒を見るいわゆる〝宿〟が決まっていたのである。

ところが貨車は、主要駅や操車場で離合、集散、仕分、組成などの作業を受けるので、北海道を出発した貨車がいつの間にか九州に行っているというケースも頻発したのである。

そうなると貨車の〝常宿〟を決めることが難しく、貨車は無宿の流浪者のような立場にあったのだ。ただし貨車は、機関車や電車などに比べれば構造が簡単で、保守・修繕をそれほど頻繁に几帳面にやらなくても済んだからか、その昔は要検査と思われる貨車にはチョークで注意書きがされていたこともあったのである。

貨車は二軸単車が多かった

イギリスでも日本でも、鉄道初期には客車も貨車もいわゆる「マッチ箱」と呼ばれた二軸単車から出発しているが、アメリカで考案されたボギー車は収容力が大きく、台車を持つためにカーブも曲りやすく、高速でも走行できるため、日本やヨーロッパにも導入されていった。その結果、日本では客車のボギー車への更新が先行し、戦前にはほぼ完了していたが、貨車は戦後も長らく二軸単車が主流を占めていた。

車体と車軸が板バネを介してほぼ固定されている二軸単車は、どうしても線路と車輪の接地性が劣るため、貨物列車が脱線してしまうケースがしばしばあった。さまざまな要因が複雑に絡み合って起きるため「競合脱線」と呼ばれたが、その後、二軸単車はほぼ消滅してボギー車が主流になり、台車も板バネからコイルバネとなって、オイルダンパーなども装着されるようになって接地性は格段に上がっている。

ただし、ボギー車が主流になっても、積み荷のコンテナ内の重量バランスの問題や積み荷が軽過ぎることによる輪重抜けなどによって、いくつかの脱線事故が起こっており、原因を究明したうえで対策がとられている。

貨物列車は重くて長い

旅客列車はスピードや快適性を求めてきたが、貨物列車は重い貨物をできるだけ同時に運ぼうと努めてきた。その結果、旅客列車の編成は軽量化も追求しつつ、状況に応じて適宜長編成化している。それに対して貨物列車は、機関車の牽引力を強化した重い長大編成が戦前から見られたのである。

ＪＲ東海が誇る新幹線Ｎ７００系車両は16両編成で長さが約４００メートル、自重約７００トンで乗車荷重は大きくとも１００トンなので総重量は８００トン程度であるが、戦前の北海道においてＤ50形蒸気機関車は約50両の石炭貨車を牽いており、全長約６００メートル、石炭貨車の自重９００トンに対して１５００トンの石炭を積んで、総重量は２４００トンにもなった。スピードこそ比較にならないが、Ｄ50形１機で新幹線１編成の３倍にもなる重量を１・５倍の長大列車として牽いていたのだ。

ここで着目して欲しいのは、旅客列車では空車時と満員時の重量の差が少ないが、貨物列車では空車時と積載時の重量の変化がずっと大きいということである。すなわち、「貨物は人間よりとても重い」ということが改めて認識させられる。こうしてみると、貨車では台車のバネもその分固く設定しなければならないのが理解できる。

旅客列車は動力分散式、貨物列車は動力集中式

日本では戦前から、島秀雄など国鉄の技術陣らが、旅客列車についてはモーターが編成中の複数の車両にある動力分散式の電車編成にすることを志向し、その構想が戦後、80系「湘南電車」、151系「こだま」形特急電車、そして新幹線へと具現化していった。これに対して、フランスの高速列車TGVもドイツのICEも初代は編成の両端が機関車となる動力集中式編成から始めたが、最近は動力分散式に移行しつつあるし、中国の高速列車群もほとんどが動力分散方式を採用している。日本の膨大な旅客交通量や頻繁な列車発着などを考えると、動力分散式はまさに日本の旅客輸送に合っていたことが実証されている。また、ディーゼル旅客車両もほぼ全てが動力分散タイプで、日本の旅客列車は、ほとんど全てが電車やディーゼルカーになってしまい、機関車が牽引する客車列車はほぼ消滅してしまった。

ところが貨物列車では、世界はもちろん日本でも動力分散方式は極めて例外的で、ほとんど全て機関車が貨車編成を牽引する動力集中式になっている。貨物列車は重量物を運ぶことが多いため、各車に動力装置を載せると車両が重くなってしまううえ、両数も多いことから莫大なコストがかかってしまう。さらに、貨車同士でも機関車と貨車の間でも、離合集散が比較的頻繁に行われるので、固定的な編成が主体となる動力分散方式では対応が難しいからである。

日本では、「スーパーレールカーゴ」という電車貨物列車も開発されたが、貨物車両全体でみるとごく一部であり、新型の機関車が全て貨物列車で使用されているのは、これらの理由があるからなのである。

所変われば品変わる

国別に見ても、地方ごとに見ても旅客列車の運行形態はそれほど変わらないが、貨物列車の場合はそれが大きく異なるのである。国土の広狭によって貨物列車の運行距離は大きく異なるが、鉄道貨物輸送は断然長距離に向いているので、アメリカや中国のような大陸国家では鉄道貨物輸送が重要で存在感が高い。両国では、石炭や石油、セメントや木材など単一重量貨物も多く、強力な機関車が長大な貨物列車を牽引して輸送効率もよい。一方、日本やイギリスのような狭小な国土では貨物の輸送距離が短いので、戸口から戸口の輸送が得意なトラック輸送に鉄道貨物は大きく蚕食されてしまう。これにはどうしても逆らえない必然性がある。

なお、どこの国の鉄道でもコンテナ輸送の比率が高まっているのは共通であるが、海外諸国では大型の海上コンテナを貨物列車でも共通して使っているものの、日本は唯一例外であり、歴史的経緯もあって、国鉄時代からの小型・軽量コンテナが鉄道輸送の主流になっている。港湾と連携する輸出入用の海上コンテナの鉄道輸送も一部区間で行われているが、車両限界などの問題もあって、海外諸国のように主流になるまでは至っていない。

貨物列車の時刻表

書店に行くと各種の時刻表が並んでいるが、それは旅客用でありほぼ毎月発行されている。一方、実は貨物用の時刻表もあって、一般にはあまり知られていないが、年に一回鉄道貨物協会によって発行されている。この貨物時刻表は１９６６（昭和41）年に国鉄の貨物局が創刊し、１９８０（昭和55）年に現在の発行形態になった。足かけ約60年の歴史があるが、本来は貨物の荷主用に作られたものなので、当初の発行部数は5000部と少なく、取扱書店は限定されていたが、2018（平成30）年には発行部数が2万5000部、取扱書店は全国40店舗に増加している。

購入者の大半をレイルファンが占めているのも驚きで、2004（平成16）年に深夜のバラエティ番組で貨物時刻表が取り上げられると、版元に問い合わせが殺到して初めて重版となり、新聞記事で「乗れない時刻表完売」と報道された。一般からの購入も増えて、2008（平成20）年には、旭屋書店本店では用意した1万9000部が完売し、売り上げで一般書部門9位に入ったほどである。また、2010（平成22）年には交通新聞社が『復刻版 昭和43年10月貨物時刻表』を発売すると、たちまち売り切れてしまい、今やプレミアム価格になっている。

本書の構成について

本書は貨物列車について歴史的に述べるつもりではあるが、ここまで述べてきたように貨物列車の運行は旅客列車より複雑な面が数多くあるのである。一方、現在のJR貨物の運行方法は、国鉄時代の複雑な運行から脱却して、効率を求めたシンプルなかたちになっている。しかし、ＪＲ貨物も発足からすでに35年以上もの歴史を経ており、読者の方々も国鉄よりもＪＲ貨物が貨物列車を運行する時代を過ごした期間が長く、馴染みと親しみを持たれているのではないかと思われる。

そこで通常、歴史は時代順に過去・現在・未来へと移り変わるままに書くのが普通であるが、本書ではあえてはじめに現在のＪＲ貨物について記述し、ほぐれたところで、明治時代以降の国鉄時代を俯瞰することとした。そこでは、往年の石炭列車や鮮魚列車などの話題も含め、操車のメカニズムなど当時の貨物列車について簡潔に説明したい。ただし、貨物用の機関車や貨車などの車両については、進化の過程に沿った歴史的な記述としている。そして、外国の貨物列車事情とその比較を取り上げるとともに、日本の鉄道貨物の未来について言及していくこととする。

かつての東京都心の貨物ターミナル駅だった汐留駅（1974年頃）

第1章

JR貨物の誕生と現在

ＪＲ貨物の業績の推移

早いもので、国鉄がＪＲ７社等に分割民営化されて36年も経ったが、国鉄最終年の１９８６（昭和61）年決算と30年経った２０１６（平成28）年時点のＪＲ７社合計の決算の基本数字だけ抽出すると、**表１-１**のように大きく改善されている。

それではＪＲ貨物が誕生してから、これまでの34年間にわたってどんな業績で推移してきたかを10年単位で並べると**表１-２**のようになる。

まず売上を見ると終始２０００億円前後で、民営化直前の１９８５年の国鉄総収入３兆７０００億円のうち、貨物収入は１８５７億円だったので、最近35年間のＪＲ貨物の年間

表1-1　国鉄とJR7社合計の決算比較

項目	国鉄（1986年）	JR7社合計（2016年）
売上	3.2兆円	6.8兆円
損益	△1.8兆円	1.2兆円
負債	37兆円	6.5兆円
財政貢献	△6,000億円（補助金）	4,100億円（納税）
人員	28万人	13万人
生産性（1人あたり収入）	1,155万円	3,739万円

表1-2　日本貨物鉄道（JR貨物）決算累年表　（単位：百万円）

年	売上	営業利益	経常利益	純利益
1990	192,200			2,985
2000	164,483		△3,717	△2,752
2010	190,227	△650	△4,137	△2,474
2020	198,954	10,079	8,987	5,049
2022	186,655	1,418	277	△1,428

平均売上とほぼ一致する。ところが、ＪＲ７社全体の売上は１９８６年の３兆２０００億円から２０１６年時点で６兆８０００億円と2倍以上に飛躍しているので、この数字はいかに現代の日本において鉄道貨物の経営が厳しいかを物語っている。

貨物列車を運行するための線路使用料

ＪＲ貨物のコストの中で、避けられないのが「線路使用料」である。ＪＲ貨物は貨物駅構内などの一部を除いて基本的に自社で線路を保有せず、ＪＲ旅客各社や第三セクター鉄道（新幹線が開通した後の並行在来線事業者など）の線路を使用して貨物列車を運行しているので、それらの区間においては「線路使用料」が発生している。この料率は現在、「アボイダブル・コスト（回避可能経費）ルール」で計算されていて、仮に貨物列車が運行しなかった場合と、運行した場合との線路の保守作業経費の差額を算定したものである。すなわち線路提供者はこのコスト分だけを請求し利益を上乗せしない方式で、国鉄分割民営化の際に定められたルールが継続されている。これに対し、整備新幹線開通後の並行在来線の経営にあたる第三セクター鉄道各社では、整備新幹線に対する線路使用料を原資として、線路使用料を貨物調整金として補填することになった。

後の章で紹介するが、フランスやイギリスなどの場合は、線路保有が実質国有になっているため、貨物列車の線路使用料はコストよりも低く抑えられているはずで、それに比べると日本の鉄道貨物は他国に比べてその環境は厳しいといえる。

いずれにせよ、JR貨物の鉄道貨物輸送は国鉄時代からの構造や流れを引き継いでいるので、**表1-3**の業績推移を大きな脈絡として見ていただきたい。

これを見ると、国鉄末期にはすでに貨物収入は全体の6%まで低落していたのである。この事実を踏まえて、民営化後のJR貨物の取り組みを見ていきたい。

JR貨物の運営施策

1987(昭和62)年のJR貨物発足当時には、新会社としての「経営理念」、「経営計画」、「5ヵ年計画」などが立てられたことは当然であり、その後1996(平成8)年には「JR貨物の

表1-3　国鉄時代の旅客収入と貨物収入の歴史的推移表　(単位：百万円)

年	総収入	旅客収入	貨物収入	雑収入	営業外収入	旅客と貨物の割合
1930	458	261	189	8	0	58：42
1940	1,044	623	396	20	5	61：39
1950	146,493	73,855	66,364	2,965	3,309	53：47
1960	409,378	224,210	169,476	13,783	1,909	57：43
1970	1,151,515	846,298	254,449	44,949	5,819	77：23
1980	2,999,617	2,242,441	329,578	391,659	35,938	87：13
1985	3,734,652	2,942,239	185,709	424,805	181,899	94：06

完全民営化のための基本問題懇談会」が運輸大臣の私的な諮問機関として設置され、JR貨物のトップ、JR旅客6社、日本通運の経営陣も参加した体制で発足した。ただ初期においては経営方針もまだ抽象的なものから出発したのは止むを得ない。むしろ、その後の経緯の中で具体化していった流れを見てみよう。

1987年の新会社発足以降5年間は好景気の中で、青函トンネルや本四架橋（瀬戸大橋）の開通もあって鉄道貨物輸送にも追い風が吹き、高速コンテナ列車を増発して好調であった。しかし、1992（平成4）年からバブル景気は崩壊して、会社の収支は赤字になっていき、そこに阪神・淡路大震災の打撃が加わった。発足から10年が経った1997（平成9）年度を初年度とする5ヵ年計画では、コンテナ列車の長編成化、貨物駅でのE&S（着発線荷役）方式の拡大、輸送量拡大のために輸出入貨物、生活・産業廃棄物、建設残土などの鉄道貨物への取り込みなどが目標として掲げられた。また、合理化に沿った人員削減計画も粛々と進めていった。

それに沿って、採算性の低い専用貨物列車などを削減して、最高時速110キロや100キロで走行可能なコンテナ貨車で組成された「スーパーライナー」をはじめとした高速コンテナ列車を中心にシフトさせていき、2004（平成16）年には東京と大阪を6時間強で結

青函トンネルを出るコンテナ貨物列車

瀬戸大橋線の開通を記念したコンテナ列車の出発式

ぶ世界初の特急コンテナ電車「スーパーレールカーゴ」をデビューさせたほか、コンテナ列車の長編成化なども行った。

そして、「ＪＲ貨物グループレポート ２０２１」では、最近の基本方策が２０３０年を見据えて記載されている。

(1) 物流生産性の向上

鉄道が得意とする大量輸送、中長距離走行、定時性、クリーン性をさらに発揮するため、自社の所有する土地・施設と知恵を最大限に活用することを目指しており、ターミナル駅において総合物流サービスを提供する物流拠点「レールゲート」の展開や主要駅における積替ステーションの拡充、列車編成のうち半数以上のブロッ

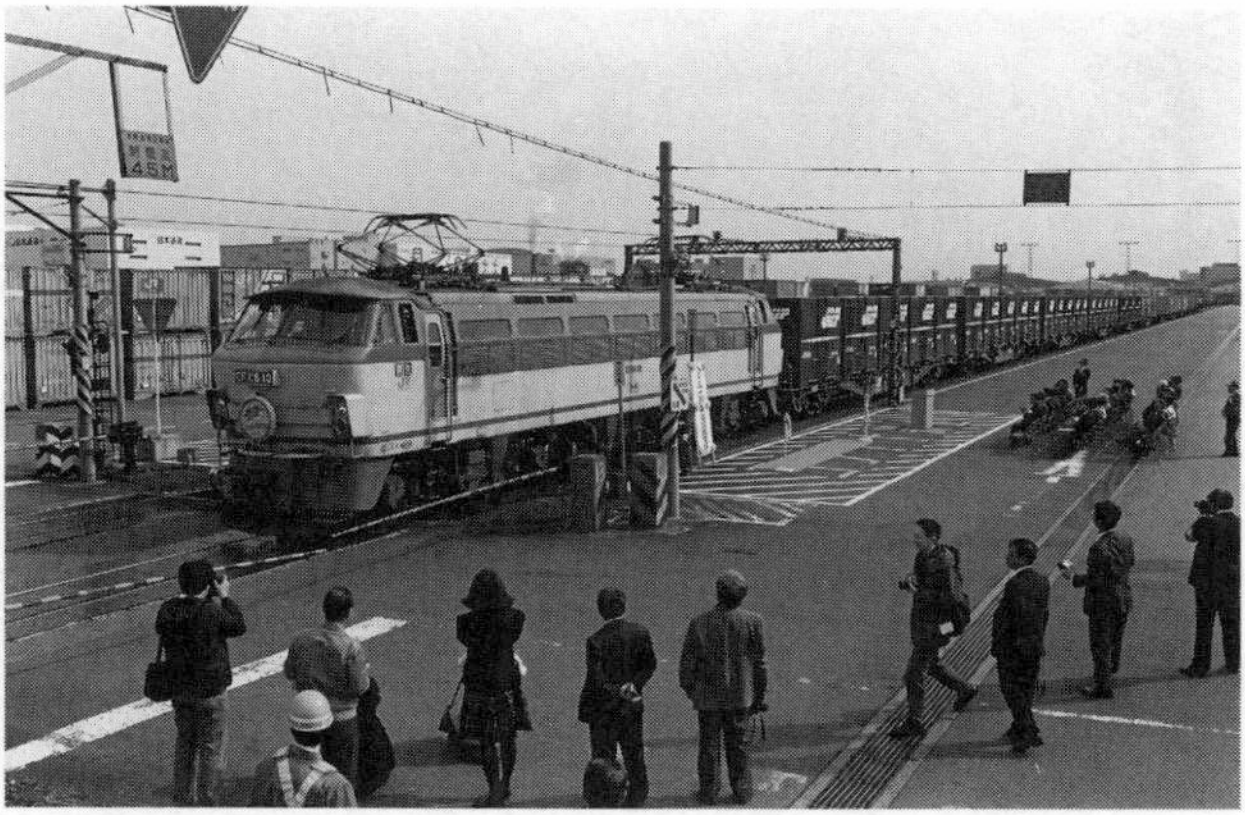

EF66形電気機関車を先頭にした高速コンテナ列車「スーパーライナー」

クを貸切・往復輸送するコンテナ列車「ブロックトレイン」のさらなる設定、トラックドライバー用アプリの導入などが挙げられている。

(2)安全・安心な物流サービス

日常の地道な安全対策である自動列車停止装置（ATS-PF）や、GPSの活用による運行支援の実施をはじめとして、近年の激甚化・多頻度化する災害への備えとして、実際に災害が発生した際のトラック代行や船舶代行、他の鉄道路線での迂回輸送の準備などが挙げられている。

(3)グリーン社会の実現

二酸化炭素排出量がトラックの約13分の1、船の約2分の1という鉄道の優れた環境特性を強調するとともに、次世代バイオディーゼル燃

燃料消費量や騒音などを低減したHD300形ハイブリッド機関車

料の使用開始をはじめ、燃料消費量や排出ガス量、騒音などの低減を実現したハイブリッド機関車（ＨＤ３００形）や電気式ディーゼル機関車（ＤＤ２００形）の導入、廃棄物の輸送による再資源化や処理への貢献などが挙げられている。

(4)地域の活性化

不動産事業などを通じた地域のまちづくりへの貢献が主な柱となっている。

ＪＲ貨物の関連事業

ＪＲ旅客各社の決算内容を見ると、本業の運輸業や流通業のほか、不動産事業の収入がかなり多く、駅周辺をはじめとした所有地を有効利用した駅ビル、ショッピングセンター、ホテルなどが子会社によって展開されている。

一方で、ＪＲ貨物の所有地は操車場や貨物駅跡などが主体であるため、都心からやや離れている場所が多いが、そうした環境の中、「ＪＲ貨物・不動産開発」という子会社を設立して、不動産開発事業を行っている。

第一は、操車場や貨物駅の広い面積を活用して、その敷地内に大規模複合物流施設「レールゲート」「エフ・プラザ」などを建設するもので、各地の貨物ターミナルに同様の施設を広げつつある。ただし、ここに入所するのは基本的に物流業者だけなので、なかなか私達の目に触れることはない。

第二は、まさに一般消費者を対象として都心に建てられた大型施設で、その筆頭は飯田町貨物駅の跡地に整備された再開発街区「アイガーデンエア」である。JR貨物がデベロッパーとして大和ハウス工業と三井不動産をプロジェクト・パートナーに、オフィスビル群と超高層マンションやホテルなどが2003（平成15）年までに順次竣工した。また、「アリオ北砂」は江東区北砂の小名木川貨物駅跡地に2010（平成22）年に建てられた「セブン&アイ・ホールディングス」が運営する3階建て複合商業施設で、119の専門店が入居して賑わっている。

東京貨物ターミナル駅に林立する「エフ・プラザ」

さらに、２０１８（平成30）年にオープンした「シティタワー八王子フレシア」は、八王子駅に直結した好立地に建設された26階建て高層ビルで、下層６階が商業施設、上層20階がマンションとなっている。

そのほかにも、貨物駅や貨物線の跡地などに管理物件を保有しており、ＪＲ旅客各社に比べれば小規模ではあるが、ＪＲ貨物としても今や不可欠な事業部門だといえるだろう。

飯田町貨物駅跡地に開業した「アイガーデンエア」

小名木川貨物駅跡地に建てられた「アリオ北砂」

ＪＲ貨物の列車運行に関する概要

ここからは、現在のＪＲ貨物の列車運行に関する最新の諸元を表1-4で見てみよう。

線路はほとんどをＪＲ旅客6社が所有しており、機関車・電車・荷役機械はＪＲ貨物が所有して、貨車およびコンテナはＪＲ貨物所有のものと他社が所有する私有のものがある。

現在の貨物列車の運行形態は、貨車の複雑な組み換えを一切しない直行列車を主体にしていて、コンテナ列車と特定の貨車を連ねた車扱い列車の2種類に大別されている。ＪＲ貨物発足当初は、車扱い輸送がコンテナ輸送の2倍あったものが、2000年時点で拮抗し、今は逆にコンテナ輸送が車扱い輸送の2倍以上になっている。ただし、コンテナ輸送量はほとんど増えて

表1-4　JR貨物の列車運行に関する諸元

営業線区	74線区
営業線区延長	7,829km
貨物取扱駅数	239駅
列車本数	412本／日
列車走行距離	186千キロ／日
輸送量	2,600万トン（2022年）
輸送キロ・トン	177億キロ・トン（2022年）
機関車合計	534両
電気機関車	404両
ディーゼル機関車	130両
電車	42両
貨車合計	8,704両
JR所有コンテナ車	7,058両
JR所有その他貨車	48両
私有貨車	1,598両
コンテナ合計	79,704個
JR所有コンテナ	62,942個
私有コンテナ	16,762個
トップリフター	108台
フォークリフト	503台

（JR貨物：2023年4月現在）

おらず、車扱い輸送は1990年から約5分の1に減り、輸送量合計でも半分以下に低落しているが、トン・キロ・ベースの輸送量ではそれほどではなく、輸送単価の高い輸送にシフトするなどしているようだ。（**表1-5**）。

それでは、コンテナ輸送と車扱い輸送で各々どんな品目を運んだのか、これもほぼ10年刻みの統計にまとめてみると**表1-6**のようになる。

コンテナ扱いでは、食料関係（「農産物」＋「食料工業品」が25～30％を占めて目立つが、化学製

表1-5　コンテナ輸送と車扱い輸送の輸送量の推移

	コンテナ輸送	車扱輸送	輸送合計
1990年	20,205千トン（34%）	39,141千トン（66%）	59,347千トン（100%）
2000年	20,683千トン（52%）	19,425千トン（48%）	40,108千トン（100%）
2010年	20,486千トン（66%）	10,505千トン（34%）	30,991千トン（100%）
2020年	18,838千トン（70%）	8,153千トン（30%）	26,991千トン（100%）
2022年	18,331千トン（69%）	8,278千トン（31%）	26,609千トン（100%）

（JRF "NEWS RELEASE" から）

表1-6　品目別輸送量の推移

品目	1990	2000	2010	2020	2022
＜コンテナ扱＞					
農産物	2,416	2,104	1,821	1,676	1,515
化学工業品	2,084	1,683	1,980	1,600	1,588
化学薬品	1,229	1,540	1,529	1,230	1,218
食料工業品	3,611	2,893	3,150	3,027	2,915
紙パルプ等	1,791	3,045	3,109	2,107	2,090
他工業品	2,279	2,144	1,576	1,348	1,312
積合せ貨物等	1,764	1,320	2,124	2,875	3,134
自動車部品			816	745	667
家電・情報機器			497	330	349
エコ関連物資			353	623	421
その他	5,031	6,032	3,532	3,278	3,122
コンテナ扱計	20,205	20,683	20,486	18,838	18,331
＜車扱＞					
石油	11,607	9,943	7,203	5,563	5,679
セメント・石灰石	13,629	3,290	1,277	1,357	1,330
車両			939	834	802
紙・パルプ	2,275	859			
化学工業品	1,738	658			
その他	9,892	4,675	1,088	400	467
車扱計	39,141	19,425	10,505	8,153	8,278
合計	59,346	40,108	30,991	26,991	26,609

（JRF "NEWS RELEASE" から）

1990年代は車扱い輸送の輸送量がコンテナ輸送を上回っていた

品（「化学工業品」＋「化学薬品」）も15％程度とシェアは高い。「紙パルプ」や「他工業品」も侮れないし、「積合せ貨物」はどんどんと伸びている。２００５年以降は「自動車部品」「家電・情報機器」「エコ関連物資」も新時代の貨物として登場してきている。一方、車扱い貨物ではどの品目も低落が目立っており、特に従来の柱であった石油やセメント・石灰石も減少している。

新たな取り組みが始まったコンテナ輸送

前述したとおり、コンテナ輸送は今や日本の鉄道貨物の中核となった。日本における鉄道コンテナの歴史や車両など詳細については、後の章で紹介するので、ここでは近年のＪＲ

貨物のコンテナ輸送で注目されるものを取り上げてみたい。

ＪＲ貨物では、大手運送会社と提携して「福山レールエクスプレス」「西濃カンガルーライナー」「日本通運エコライナー」などの「ブロックトレイン」と呼ばれる専用列車を運行している。トラック輸送を主体とするこれらの運送会社はＪＲ貨物のライバルでもあるが、条件が合致する輸送では協業が成り立っているのである。

「福山レールエクスプレス」は２０１３（平成25）年から運行が始まった福山通運のブロックトレインで、現在は東京貨物ターミナル～吹田貨物ターミナル間、同～広島貨物ターミナル間、名古屋貨物ターミナル～福岡貨物ターミナル間、安治川口～盛岡貨物ターミナル間で、それぞれ毎日１往復運転されている。東京～大阪間の輸送では、双方の駅を深夜に出発して早朝に到着する列車は、６時間45分で結ぶので、コンテナ電車「スーパーレールカーゴ」と遜色ない。この列車では１両の貨車に福山通運所有の31フィート長のコンテナを２個積載し、コンテナ貨車20両では合計40個積むため、大型トラック40台分に相当する。

一方、こうした運送会社ではなく、メーカー自身が一列車を借り切る場合もある。その代表は「トヨタ・ロングパス・エクスプレス」で、２００６（平成18）年に名古屋南貨物～盛岡貨物ターミナル間で運行が開始された。トヨタ自動車東日本岩手工場はアクア、ヤリスな

福山通運の貸切コンテナ列車「福山レールエクスプレス」

「トヨタ・ロングパス・エクスプレス」

ど小型車種の組立工場なので、そこへエンジン、トランスミッションをはじめとして内外装の部品を送り込むための輸送である。２０１９年には同～北九州貨物ターミナル間も追加設定された。積載するコンテナはトヨタの所有で、今は合計４５０個に達している。なお、荷役・管理は日本通運が担当する。

これらの輸送によって、モーダルシフトが図られて二酸化炭素の排出量も大きく削減されるほか、トラックドライバーの労務改善にもつながるなど、まさに現代を象徴する列車たちなのである。

さまざまな貨物に対応するコンテナ輸送

また、トヨタほどの巨大企業ではないが、ランテック（旧・九州牛乳輸送）は福岡を拠点として冷凍・冷蔵輸送に特化した物流企業である。最初は福岡を中心に冷凍トラックでの輸送を行っていたが、徐々に活動領域が全国へと拡がると、国鉄民営化直後の１９８８（昭和63）年に大型冷凍コンテナを揃えて鉄道輸送へモーダルシフトした。

冷凍コンテナは同年に札幌貨物ターミナル～隅田川間で運行を開始しており、電源コンテナから各冷凍コンテナに電力を供給する集中方式で、「クールコンテナシステム」と呼ばれて、その開発には日本通運をはじめとした通運業者も参画していた。また、個々のコンテナに電源を備える分散式の冷凍コンテナも同年に大阪貨物ターミナル～札幌貨物ターミナル間などで輸送が始まっている。その後、運用の自由度の問題で集中式より分散式の方が

鉄道による冷凍コンテナ輸送を可能にした「クールコンテナシステム」（集中式）

個々のコンテナに電源を備えた分散式の冷凍コンテナ

有利であることから集中式は廃止され、分散式の冷凍コンテナも輸送から撤退する企業が多かったが、ランテックはGPS動態監視システムを導入し、全コンテナに冷凍機のリモートコントロール機能を設置するなどした。その結果、同社は顧客企業の信頼も高まり輸送量は年々増加して、今や冷凍コンテナの鉄道輸送では圧倒的なシェアを築くに至っている。現在、冷凍コンテナで輸送する貨物はマイナス27度〜プラス5度の範囲の低温品で、アイスクリーム、外食産業向け調理済食品、果実、野菜類などである。

ここで紹介したコンテナ輸送以外にも、近年のコンテナのバリエーションとコンテナ貨物の種類の広がりは目覚ましい。生活廃棄物、産業廃棄物、紙製品のなかでも特に大型ロール状の巻取紙、カーボンブラック、鉄製品用コンテナ、そして化成品用や、都市ガス向けLNG用のタンクを四角い骨格で囲んだコンテナなど多種多様であり、今後の鉄道コンテナ輸送のさらなる発展を期待したい。

車扱い列車の代表格は石油輸送

一方、鉄道貨物のもう一つの柱である車扱い列車の代表格は、何といっても石油輸送のタ

タンクコンテナ
と海上コンテナ

災害用廃棄物
輸送コンテナ

化成品輸送用
コンテナ

ンク車である。従来、重量物で量がまとまる貨物は「4セ」といわれ、石炭、石灰石、セメント、石油を指していた。しかし近年は、石油を除いて他の三品目は低落しており、石油輸送だけが目立っている。日本の石油産業は、最初は新潟や秋田地区の国産原油を使ったがとても量的に足りず、輸入原油が関東と関西の港に入るようになって、精製されたり、石油化学製品に使われることになった。

現在、日本で稼働している21ヵ所の製油所のうち、鉄道のタンク車によって出荷している製油所は8ヵ所で、東京湾岸5ヵ所と四日市地区2ヵ所、仙台地区1ヵ所である。そこから出荷されると、東北や甲信越などの内陸8ヵ所の油槽所に送られる。油槽所で貯蔵された石油類は、タンクローリーでその地方のガソリンスタンドや工場に配送されるのである。東北地方や甲信越地方は地理上本州の最も太くなったところで、沿岸から内陸までの距離が比較的長いので、タンク車による鉄道貨物輸送でも採算にあうからである。残りの13ヵ所の製油所から各地方の油槽所までは、鉄道ではなくタンクローリーで運ばれている。すなわち関西地区、中国地方、四国地方、九州地方では、もう石油類タンク車の連なる貨物列車は見ることができないのである。

なお、現在使われている石油タンク車は、日本石油機構（JOT）と日本オイルターミナ

造型的・色彩的に特徴的な石油タンク車

ル（OT）の2社が所有している。以前のタンク車は30～35トン積みであったが、最近はフレームレス構造と異径胴を採用した限界的設計で43トンも搭載できるようになった。タンクの上半分が薄緑色、下半分が薄い灰色に塗られた最新型のタンク車は、数多ある貨車の中でも造型的・色彩的に最も美しい貨車ではないだろうか。

コラム 1

特殊貨物輸送

昔から鉄道貨物には、現在では考えられない輸送品目もあった。例えば、生きたままの家畜輸送も家畜輸送貨車も今や存在しないが、当時では見た目に特殊というほどではなかった。しかし、現在でも珍しい特殊貨物輸送がいくつか存在している。その典型がロングレール輸送で、鉄道路線では老朽化したレールの更新は不可欠なため、新しいレールを敷設現場まで運ぶ必要があるのである。

現在、日本でレールを製造している製鉄工場は、日本製鉄八幡工場とJFEスチール福山工場だけで、その製品のJR旅客6社向け鉄道輸送者は表1-7のように分かれている。

これ以外は海上輸送で、JR各社の管内の港である安治川口、名古屋港、越中島、仙台埠頭、小樽港で陸揚げされ、ここから道路ないし鉄道で現場まで運ばれる。

表1-7　JR旅客6社向けレールの鉄道輸送者

メーカー	JR北海道向け	JR東日本向け	JR東海向け	JR西日本向け	JR四国向け	JR九州向け
日本製鉄製品		JR貨物	JR貨物	JR貨物		JR九州
JFE製品				JR西日本		

国鉄時代のロングレール輸送の様子。まだ蒸気機関車が牽引している

以前は25メートルの定尺レールが一般規格となっていたが、１９６４（昭和39）年の東海道新幹線開通時あたりから在来線も含めて２００メートル以上のロングレールが普及し始めた。そのため、従来は定尺レールを現場で溶接加工して接続させていたが、最近は製鉄所で生産された１５０メートルあるいは２００メートルのロングレールをそのまま敷設現場まで運ぶようになったのである。18メートル長程度の無蓋ボギー貨車を10両ないし13両連結してロングレールを載せるのだが、両端を固定しておくと、走行するカーブに沿って積まれたレールも曲がってくれるのだ。このような1両の貨車に乗り切らないレールの輸送は、国鉄時代には50メートル長レールの輸送をすでに始めていたが、

表1-8　新幹線用レールの積み替え基地

会社	積み替え基地			
JR東日本向け	鷺宮保守基地	那須保守基地	仙台レールセンター	
JR東海向け	浜松レールセンター	静岡保守基地	鴨宮保守基地	大井保守基地
JR西日本向け	新下関保守基地	福山保守基地	姫路保守基地	

150メートル長以上のロングレールの輸送が始まったのはつい最近の2014（平成26）年のことである。なお、新幹線用レールの現場までの運搬は狭軌車両ではできないので、表1-8のような基地まで在来線上を運び、そこから新幹線用工事車両で現場まで運んでいる。

特殊貨物輸送には、鉄道車両の輸送もある。新製車両や中古車両を、工場からそれを使う鉄道まで輸送する車両輸送需要は常時発生する。輸送手段として、トレーラーに載せた道路による輸送や船舶での輸送、稀に空路輸送まであるが、やはり鉄道を使って輸送されることが多い。このうち、JR貨物の機関車で牽引される形態を「甲種鉄道車両輸送」という。JR旅客6社の在来線上で運行されるので、牽引される車両のサイズが車両限界内でなければならず、広軌車両は台車を狭軌用に履き替えるなどの必要があるが、各地の鉄道会社に向けて輸送が行われており、最高速度は安全を期して時速75キロに抑えられている。また、車輪の付いた車両ごと大物車または長物車と呼ばれる貨車に載せて輸送する

変圧器などの大きく重い貨物を輸送する貨車である「大物車」

形態を「乙種鉄道車両輸送」と称し、以前は路面電車や軽便鉄道車両などの小型車両を輸送していた。なお、自社の路線につながっている車両工場で製造された車両であれば、甲種輸送ではなく試運転を兼ねて自力走行するケースもある。

さらに、「特大貨物輸送」も極めて特殊ではあるが、世界中どこの国でも行われている。変圧器などの大きく重い貨物を輸送するので、それを載せる貨車は「大物車」といって車両も特大サイズではあるが、軸重を小さくするために車軸を極めて多くし、運行最高速度も日本では時速45キロに抑えられている。

第2章

貨物用車両の進化と発展

旅客用機関車はスピード自慢、貨物用機関車は力持ち

旅客と貨物では、重量をはじめ、乗降や積み降ろし方、運び方も異なってくるので、旅客列車と貨物列車は最適化を求めて車両や編成、運行を区分するようになった。蒸気機関車を見ると、最初は旅客用と貨物用は共通だったが、19世紀後半から仕様が分かれてきた。

イギリスでは、19世紀中頃から重要幹線間ではすさまじいスピード競争が始まり、時刻表など無視して争った。スピードを出すためには蒸気機関車の動輪を大きくすること、牽引する客車の両数を減らすことが最も手っ取り早かった。そこでは直径2メートルを超える大動輪を一つだけ備えたシングル・ドライバー型が投入されて快走した。しかし、これだとスピードは出るが、引張力が弱く営業運転には向かなかった。

一方、貨物列車用の蒸機には大量の重い貨物を牽く引張力が求められたので、小さい動輪を三つ揃えるタイプが登場した。この傾向はアメリカでも同じで、旅客用の蒸機は大きな動輪を二つ、貨物用の蒸機は小さな動輪三つないし四つ揃えるようになった。その後、旅客用でも貨物用でも蒸機は大型化していき、主に旅客用は動輪三つ、貨物用は動輪四つという形が定着していったのは、欧米でも日本でも共通であった。

日本における旅客用蒸機と貨物用蒸機の分化の始まりは、１８９７（明治30）年に当時

日本鉄道537号（後の9700形）　（鉄道博物館所蔵）

の日本鉄道がアメリカのボールドウィン社から輸入したBt4／6形（後の9700形）ではなかろうか。常磐炭鉱が開発され、その関東地区への運搬のため常磐線の重量石炭列車の牽引用として20両輸入された機関車で、1118㎜の小動輪を四つ持ち、当時日本最大の引張力を誇った。なお、同機の車軸配置1-D-1には「ミカド」の愛称が付けられている。当時の旅客用主力機がほぼ3動輪となっていく中、貨物用には9700形を嚆矢として4動輪のSLが定着していった。

1907（明治40）年に幹線が全て国有化され、1914（大正3）年に蒸機が完全国産化されて以降、幹線用蒸機は例外なく旅客用が3動輪のC型、貨物用が4動輪のD型に

動輪を4軸備えた貨物用蒸気機関車9600形

統一され、貨物用では9600形、D50形、D51形、D52形が歴代の主役を務めた。

貨物用の蒸機は前述のように、低速でも構わないが重く長い貨物列車を牽けるようにと設計されたわけだが、もっと低速でもよいから急勾配路線を登れる機関車もその延長線上にあった。その典型がマレー型機関車で、シリンダーが機関車の両側に二つずつ前後に配置されて各々が3動輪を回転させるものであった。機関車のボイラーや全長は長くなるが、前後の3動輪は各々独立して回転できるので、通常の曲線には問題なく対応できた。

このマレー型は、アメリカの大陸横断鉄道のロッキー山脈越えや産炭地帯の石炭積み出し路線など、勾配区間の重量貨物列車牽引用に大活躍することになった。日本でも東海道本線が丹那トンネル開通前の御殿場ルート（現在の御殿場線）の頃、この急勾配越え用として１９１２（明治45）年に９７５０形、９８００形、９８５０形というマレー型が計54両もアメリカとドイツから輸入されて就役した。

高い牽引力の貨物用機関車

旅客列車でも貨物列車でも、その性能を見る場合、まず機関車や電車やディーゼルカーのモーターやエンジンの出力を見る。速い旅客列車を牽くにも、重い貨物列車を牽くにも、膨大な出力を要することは共通だからである。

ただし、大事なのはその出力の使い方で、旅客列車では「高速性能」をどこまで高められるかが注目されるが、貨物列車ではどれだけ重い列車を牽けるかという「牽引力」を重視することになる。日本で国産開始以降の主要な蒸気機関車を、

表2-1　日本の主要蒸気機関車の牽引力

分類	形式	製造初年	出力	牽引力	動輪直径
旅客用	8620形	1914年	630ps	9.3tf	1600ミリ
	C51	1919	1040	11.6	1750
	C59	1941	1290	13.8	1750
	C62	1948	1620	13.8	1750
貨物用	9600	1913	870	13.9	1250
	D50	1923	1280	16.8	1400
	D51	1936	1280	18.1	1400
	D52	1943	1660	19.4	1400

旅客用と貨物用に分けて対比してみよう（表2-1）。

牽引力=引張力の強さを表す〃tf〃は「トン・フォース」の略で、「1トンの物体に働く重量」を意味する。牽引力を表す単位に〃kN〃「キロニュートン」もあるが、およそ「1tf=10kN」と換算してよい。かつて特急「つばめ」を牽引し、時速129キロのスピード記録も作った国鉄の旅客用蒸機の代表的な形式であるC62形だが、牽引力では貨物用蒸機の9600形、D50形、D51形、D52形に負けてしまう。その理由は単純で、これら貨物用4形式ともC62形より動輪径を小さくする一方で、動輪数をC62形と同じ3輪ではなく4輪にしているためだからだ。その代わり、スピード競争をしたらとてもC62形にかなわない。同じく電気機関車で見てみよう。

出力の単位として〃ps〃と〃kw〃が出てきたが、いずれも単位時間当たりに行った仕事量のことで、粗々ではあるが「1kw=0・75ps」と換算してよい。EF57形とEF12形、EF58形とEF15形はお互いに出力は同じであるが、牽引力は大きく異なる。これは歯車比の違い

表2-2　日本の旧性能電気機関車の牽引力

分類	形式	製造初年	出力	牽引力	歯車比
旅客用	EF57形	1940年	1600kw	9.5tf	2.63
	EF58	1952	1900	10.3	2.68
貨物用	EF12	1941	1600	15.1	4.15
	EF15	1947	1900	15.9	4.15

によるもので、モーターの回転数は同じでも歯車比を大きく取れば、動輪の回転数は落ちるが引張力は大きくなるという理屈である。さらに、重い列車を牽く貨物列車では勾配抵抗が非常に重要な要素になってくる。平地だけでなく勾配区間でどの位の重力の抵抗を受けるかの指標で次のように表される。

（勾配抵抗）＝（列車重量W）×（重力加速度g）×（勾配角度ｓｉｎθ）

鉄道の勾配角度は自動車道路に比べても遥かに小さく、勾配角度θが十分小さい範囲ではｓｉｎθ≒ｔａｎθとみなすことができる。鉄道において一般に用いられている千分率（パーミル）に置き換えると、hパーミルの勾配での勾配抵抗はW×g×hで表される。したがって、10パーミル勾配では98（N／t）、25パーミル勾配では２４５（N／t）の勾配抵抗が働くことになる。これは、上り勾配では列車を減速させる方向に働くが、逆に下り勾配では列車を加速させる方向に働く。

こんな理屈をもとに、実際の貨物列車の運行に関して、国鉄・JRでは「牽引定数」という指数を定めている。それは、特定の機関車が「10パーミルの上り線路では、どれだけの重さの貨物列車を安定して時速何キロなら走れるか」という基準で、「貨車1両を10トン」と換算して表記している。さらに、20パーミルや25パーミルではどうかと併記されることが多い。全般的に機関車の出力やトルクから見て多少余裕を持った数値ではあるが、現実に「どの機関車ならどの線区でどの程度の重い貨車編成を牽けるか」という、まさに運行上の実用的指針であり、それに従って貨物列車が運行されるのである。

牽引定数が決まっている機関車でも、どの路線を走るかによって最急勾配は異なるし、路線の中でも区間ごとに最急勾配は異なってくる。すなわち実際の貨物列車運行にあたっては、機関車の機種ごと、線区ごとの牽引定数を決めている。勾配がきつければ列車の重量を落として運行するとか、補助機関車を付けるとか、機関車を重連にするとか、より強力な機関車に付け替えるとかの対応が必要になる。実際にどの路線、しかもそれを線区ごとに分け、どんな牽引定数を設定したか、そのためにどんな機関車を充当したかの具体例は**図2-1**のとおりである。こういう実用上の運行設定が綿密に行われていることがよくわかる。

東海道・山陽・鹿児島線や東北・海峡線では比較的単純であるが、武蔵野・高崎・上越・信越線を辿る川崎から新潟までの行程を見ると、川崎〜高崎間の牽引定数136も、

図2-1　線区ごとの牽引定数の例

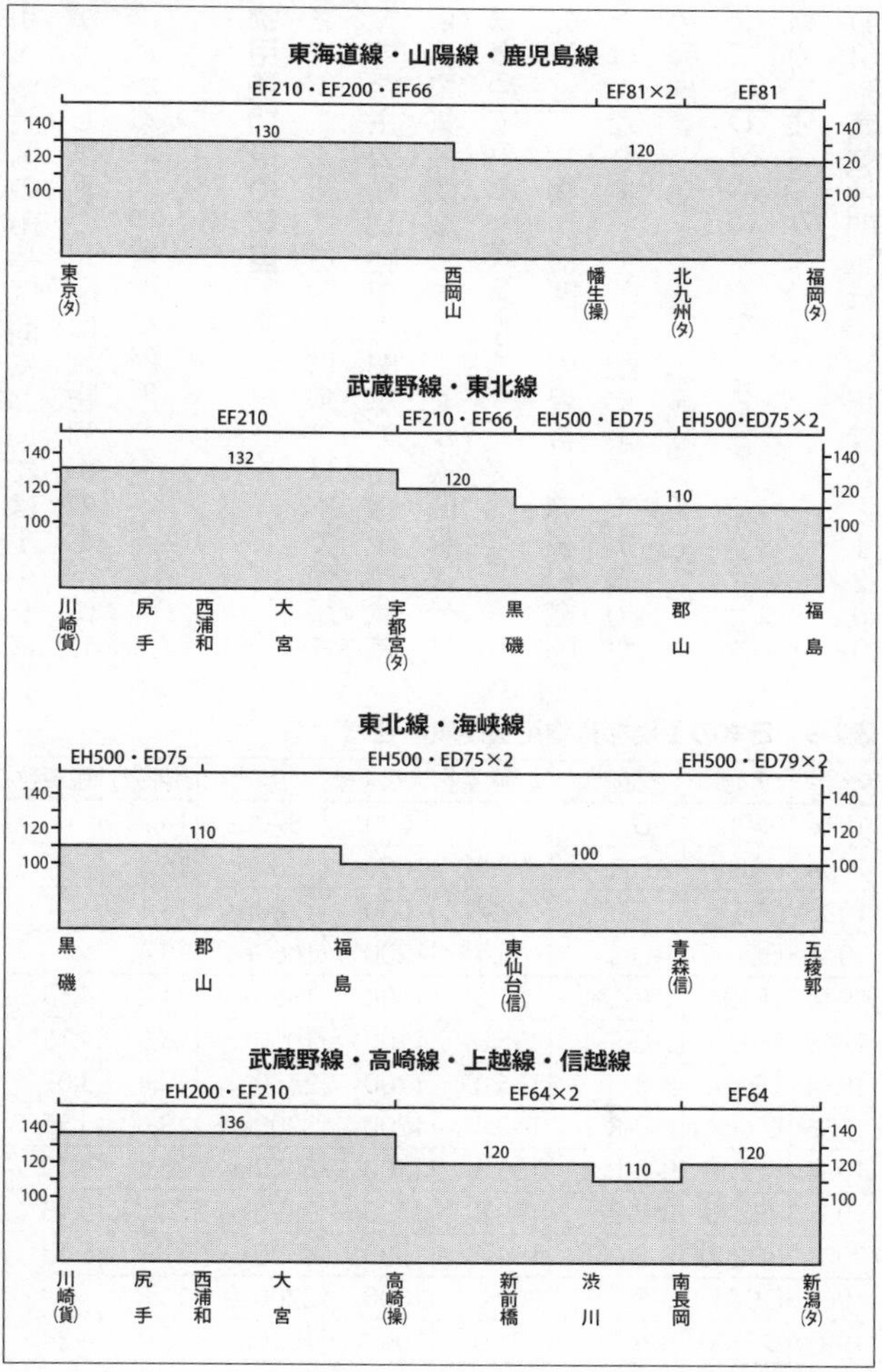

渋川～南長岡の山岳区間においては110に下がってしまう。勾配は貨物列車の走行に立ちはだかる最大の難所なのである。

貨物用機関車の発展

さて、ここで鉄道開通以来、日本で使用されてきた主要な貨物用機関車の仕様を蒸気機関車、電気機関車、ディーゼル機関車に分けてまとめてみた（**表2-3**）。

先ほど、貨物用機関車の場合は旅客用機関車とはかなり違って、勾配によって引張力がどの程度異なってくるかを問題にしたので、ここではD51形に絞って、さらに「均衡速度」も絡めて述べてみたい。

D51形蒸気機関車は、平坦線だと1200

表2-3　日本の主要な貨物用機関車の仕様

年	形式	軸配置	動輪上重量	牽引重量	出力	引張力	歯車比
1916	9600	1-D	52.7	600	870ps	13.9	
1934	D50	1-D-1	58.8	1000	1280ps	16.8	
1936	D51	1-D-1	57.7	1000	1280ps	18.1	
1943	D52	1-D-1	64.8	1200	1660ps	19.4	
1934	EF10	1-C-C-1	81.5	1000	1350kw	11.7	4.15
1948	EF15	1-C-C-1	85.8	1100	1900kw	15.9	4.15
1954	EH10	B-B+B-B	116.0	1200	2530kw	18.4	3.67
1966	EF66	B-B-B	100.8	1200	3900kw	19.6	3.55
1990	EF200	B-B-B	100.8	1300	6000kw	26.6	4.69
1998	EF210	B-B-B	100.8	1300	3390kw	20.3	5.13
2001	EH200	B-B+B-B	134.4	1380	4520kw	27.7	5.13
1965	DD51	B-B	60.0	1000	2200ps	16.8	
1993	DF200	B-B-B	96.0	1000	1920kw	33.4	4.24

トンの列車を牽いて時速55キロまではスピードを上げて走れるが、それ以上スピードアップするには貨車を切り離して列車を軽くしなければならず、Ｄ51形の最高速度に近い時速80キロで走るためには編成を４００トンまで落とさなければならない。次に10パーミルの勾配に挑む場合、時速20キロまでは１０００トン以上の列車を牽けるが、時速50キロまで上げるには牽引列車を３５０トンまで落とさなければならない。もっときつい25パーミルの勾配に挑むとなると、時速20キロまでなら４００トン以上を牽けるが、時速50キロまで上げようとすると１００トンしか牽けない。

このような牽引重量と走行速度の関連を見ていくと、ある特定の速度を境として、それ以上のスピードアップをしようとすると牽引重量が、がくっと落ちる。Ｄ51形では勾配10パーミルで時速18キロ、勾配25パーミルでは時速20キロのところであり、これを「均衡速度」と称している。これを厳密にい

表2-4　貨物用機関車の牽引定数と均衡速度

機種	製造年	形式	10パーミル牽引定数	勾配均衡速度	25パーミル牽引定数	勾配均衡速度
蒸気機関車	1913年	9600形	54	24キロ	24	19キロ
	1943年	D52形	120	17キロ	43	19キロ
電気機関車	1954年	EH10形	120	59キロ	60	60キロ
	2001年	EH200形	138	77キロ	102	65キロ
ディーゼル機関車	1965年	DD51形	100	29キロ	35	40キロ
	1993年	DF200形	100	50キロ	50	49キロ

えば、「鉄道において動力車（機関車でも電車でも）の駆動力とその速度での走行抵抗と釣り合い加速がゼロになる時点の速度」ということになる。このような概念にしたがって、前掲の歴代貨物用機関車の中でごく代表的な機種を選んで、10パーミル勾配と25パーミル勾配の二つの場合に分けて、牽引定数と均衡速度を抜き出してみよう（**表2-4**）。

ざっくり概括すると、蒸気機関車でもスピードを落とせばかなりの牽引力を発揮できたことが読み取れる。電気機関車になると牽引力も速度も格段に上がっている。ディーゼル機関車はその中間辺りに落ち着いており、予想どおりである。

それでは、大元の出力を上げるための動力機関の技術進歩、技術革新について簡潔に触れて置きたい。まず蒸気機関車の出力はボイラーの圧力をどう高めるか、それをどのように有効に動輪に伝えるかという面では、「過熱蒸気方式」「複式シリンダー」「3～4気筒方式」などの技術進歩も重要であるが、何といっても基本的に支配する要素は「蒸気機関車の大型化」ということができる。大きなボイラーで多くの蒸気を作ってシリンダーに供給するのが重要で、それを旅客用機関車なら大きな動輪を三つ、貨物用ならそれより小さな動輪四つを備えるというところへ収斂してきたのである。

D51形蒸気機関車の牽く貨物列車

ディーゼル機関車の場合は、ディーゼル機関の排気量を増大させることももちろんだが、燃焼室の直噴化、過給器（ターボ・チャージャーやスーパー・チャージャー）の装着、冷却装置（インター・クーラーなど）の進歩、ＩＴ技術を使った燃料噴射の適正コントロールなどの技術進歩により、格段に出力が向上されてきたのは自動車のエンジンとよく似た傾向にある。

電気機関車の場合は、戦後アメリカから導入された一連の技術、モーターの小型化、高速化、動輪への動力伝達装置の進歩（カルダン方式、ＷＮ方式など）が進歩の第一段階、そして１９８０年代から始まった技術革新が第二段階としてもっと大きなエポックであった。すなわち半導体技術を使ったモーターの制御装置である「VVVF＝可変電圧・可変周波数による制御装置」およびこれと連動した小型・高速・三相交流モーターなどの採用である。このモーターの特性は十分わかっていたが、旧来の技術ではコントロールできず、半導体やIT技術などの進歩と相まってセットで成就した技術である。最近は新幹線も通勤電車も電気機関車も全てこの恩恵を受けているわけである。

新型の機関車は全て貨物用

鉄道が蒸機動力の時代からディーゼルや電気の時代になっても、旅客用機関車と貨物用機関車は分けて製造された。ただし、得られる速度の遅い蒸気機関を使う蒸機では動輪数と動輪直径という大元の構造から異なって造られたが、ディーゼル機関や電気モーターは回転速度がずっと高いので、高速走行する旅客用は歯車比を小さく、引張力を大きくする貨物用は歯車比を大きくするという以外に根本的な違いはなく、外見上も見分けにくい。

そして、旅客列車がほとんど全て電車化ないしディーゼルカー化された日本では、21世紀に入ったあたりから機関車牽引の客車列車はほとんど見られなくなり、機関車牽引方式はほぼ貨物列車だけになった。その機関車についても、国鉄時代に製造されたものとJR

JRの機関車として初めてVVVF制御装置と三相交流モーターを備えたEF200形電気機関車

時代になってから新製されたものが、約40年の車齢差をもって共存しているが、前者はだんだんと廃車になっており、消えゆくのは必至である。

ＪＲ貨物発足後、初めて製造されたのがＥＦ２００形直流電気機関車だ。ＪＲの機関車として初めてＶＶＶＦ制御装置と三相交流モーターを備えた当時の最新型の電気機関車で、車体側面には〝INVERTER HI-TECH LOCO〟と誇らしげに書かれ、デザインも洒落ていた。本形式は主に東海道・山陽線系統で重量列車を牽き、目覚ましく輸送力を増強することが目的だったので、出力はそれまで最強だったＥＦ66形の３９００kwをはるかに凌ぐ６０００kwと強力で、1600トン列車を牽引する予定であった。しかし、変電所容量などの問題があり本来の性能が発揮できなかったほか、景気後退下で貨物輸送量が伸び悩んだこともあり、結局現実的な最適性能を備えたEF210形に順次置き換えられ、平成末期に廃車となってしまった。華やかなデビューとは対照的な悲運の末路となったのは残念であった。

EF210形と性能も似通った交直両用のEF510形が登場した後は、2車体連結で8動輪のEH200形、EH500形、EH800形などが相次いで登場。一方、非電化区間用に登場した電気式ディーゼル機関車であるDF200形の出力は1920kWに過ぎないが、引張力が大きく3万3390kgfを誇っている。これらの最新式の電気機関車やディーゼル機関車は全て貨物列車用で、これは世界の中でも特異なことであり、結果的に現在のJR貨物は日本のほとんどの機関車を保有する会社となっている。

飛躍的な進化を遂げた貨物用車両

現在、貨物用機関車の主力は電気機関車になっているので、ここから歴史的に見て代表的なEF型の形式を三つ選び（EF型は動輪6個にモーター6個なので、モーター1個あたりの出力は機関車出力の6分の1になる）、モーター1個あたりの出力の飛躍と技術革新の変

改良を加えながら現在も製造が続けられているEF210形電気機関車

交直両用のEF510形電気機関車は主に日本海縦貫線で活躍している

革との関連を見てみよう（表2－5）。

旧来の鈍重な直流モーター⇒軽量高回転の直流モーター⇒三相交流モーターへの技術革新が、出力アップにいかに貢献しているかがわかる。

実は、この技術革新は電気機関車だけでなく、ディーゼル機関車においても液体式のＤＤ51形から電気式のＤＦ２００形への置き換えに大きく影響しているのである。戦後、日本のディーゼル機関車は一時電気式に傾注した時期もあったが、基本的にはディーゼルカーもディーゼル機関車も液体式が造られてきた。ディーゼルエンジンも直噴式の採用やターボの装着、ＩＴ制御の進歩などで目を見張る性能の向上はあったが、鉄道車両の駆動には元来電気モーターが向いているため、先述のような画期的進歩により、総合的に見て電気式より液体式の方が性能がよく、置き換えられていったのである。

また２００４（平成16）年には、日本でも世界でも初めて

表2-5　代表的なEF型電気機関車の諸元

電気機関車	EF15	EF66	EF200
製造年	1947年〜	1968年〜	1992年〜
主電動機	MT-47	MT-56	FMT-4
モーター種別	直流直巻	直流直巻	三相交流誘導式
定格出力	325kw	650kw	1000kw
定格回転数	800rpm	1200rpm	1470rpm
制御方式	抵抗式	抵抗式	VVVF式
駆動方式	釣掛式	カルダン式	リンク式

2車体連結で8動輪のEH500形交直両用電気機関車

EH200形は中央線や上越線など、山岳線区を中心に運用されている

の貨物用電車となる画期的な車両M250系が登場。東京貨物ターミナルと大阪の安治川口間を最高時速130キロ、平均時速93キロ、所要時間6時間で結ぶ高速貨物コンテナ列車「スーパーレールカーゴ」としてデビューした。

東海道線の東京〜大阪間の最速貨物列車の所要時間の推移を見ると、1929（昭和4）年の23時間35分・表定時速23キロ以降、1959（昭和34）年の約11時間・51キロ、1975（昭和50）年の8時間半・65キロ、2000（平成12）年の6時間38分・84キロ、そして2004（平成16）年には6時間11分・91キロとなり、従来最速だった電車特急「こだま」の6時間半・86キロを凌駕しているのである（**表2-6**）。

旅客列車でも貨物列車でもスピードの向上には、

表2-6　東京〜大阪間の最速貨物列車の所要時間の推移

年	所要時間	表定時速	運転区間	備考
1893年	33時間45分	17.8キロ	新橋⇒神戸	初の直通貨物列車
1916	26時間10分	20.0	汐留⇒京都	
1934	15時間45分	35.2	梅田⇒汐留	急行小口貨物列車
1959	13時間52分	40.0	汐留⇒梅田	急行車扱列車
1959	10時間55分	50.8	汐留⇒梅田	特急貨物列車「たから号」
1969	8時間51分	62.6	汐留⇒梅田	フレートライナー
1985	7時間47分	71.2	東京タ⇒梅田	フレートライナー
2000	6時間38分	83.5	東京タ⇒梅田	高速貨物列車
2004	6時間11分	90.5	安治川口⇒東京タ	スーパーレールカーゴ

国鉄時代に量産された液体式ディーゼル機関車DD51形

JR貨物になって開発された電気式ディーゼル機関車DF200形

これまでの在来線で東京と大阪の間を最も速く走るコンテナ電車「スーパーレールカーゴ」

基本的に車両側の進歩が必要となるが、線路側の許容スピードも上がらなければならない。2003（平成15）年時点で貨物列車の最高許容運転時速が110キロに設定されている線区は東海道・山陽線では小田原～茨木間、塚本～海田市間と広島～下関間で、それ以外の区間は90キロ。東北線では川口～宇都宮間で、それ以外のほとんどの区間は100キロ。常磐線では三河島～日立間、それ以外の区間は100キロないし90キロ。高崎線の大宮～高崎間、湖西線・北陸線・信越線・羽越線などの日本海縦貫線では茨木～近江塩津間、それ以外の線区は100キロないし85キロ。鹿児島線では門司～博多間、それ以外の線区では100

キロ、95キロ、85キロといった按配である。例外は電車コンテナ列車「スーパーレールカーゴ」で、軸重が機関車牽引貨物列車の機関車の16・8トンから12・5トンに軽減されているので、大船〜小田原間および豊橋〜茨木間では時速130キロ運転が許容されている。

貨車の多様化

貨物の量も種類も増えてくると、それを積載する車両、すなわち貨車も当然多様化する。創業当時の貨車は全てイギリスからの輸入で、有蓋車、無蓋車、家畜車、魚運送車、材木運送車が揃えられていた。しかし、鉄鋼部分を除いて貨車の国産化は迅速に進み、1872年の鉄道開業時に貨車総数は75両であったのが、幹線国有化寸前の1905（明治38）年には約2万7000両と著増している。その間、貨車の種類は増えていったが、特に石炭運搬用貨車が目立って多かった。

幹線の国有化以降は、車体の材質が木造から鋼製へとなっていったほか、積載量の増強、重量物運搬車の投入などが行われた。なお、国鉄時代に貨車の目的・構造で分類し、**表2－7**のような記号が付けられた。貨車の分類では国際的にほぼ共通するようだ。

専用私有貨車の登場

私有貨車とは、鉄道事業者以外の一般企業などが所有し、その運行を鉄道事業者に委ねる貨車を指しており、元々は国鉄が保有する貨車に対して、民間企業の資産であるという対比語である。典型的

表2-7　貨車の分類と記号

大区分	小区分	記号	目的・構造など
有蓋貨車	有蓋車	ワ	広範囲の積荷に対応
	鉄製有蓋車	テ	壁面も屋根も鉄製、袋詰めセメントなど発熱性の高い積荷
	鉄柵有蓋車	ス	壁面が鉄製・屋根は木製、壁面からの雨漏れ防止
	冷蔵車	レ	断熱性を強化、一部は氷置き、冷凍機も設置、鮮魚など
	通風車	ツ	木製のよろい戸か鉄製の換気口を持つ、野菜・果物など
	家畜車	カ	横壁面がすかし張りで通風性、牛や山羊など大型動物
	豚積車	ウ	通風性のよい二段構造、豚など小動物
	活魚車	ナ	水槽を備えて生魚を運搬
	陶器車	ポ	多段式の陶器運搬
	家禽車	パ	籠に入った鶏の運搬
無蓋貨車	無蓋車	ト	雨濡れに平気な砂利や木材
	長物車	チ	レールや長い木材など
	コンテナ車	コ	コンテナを固定して運搬
	大物車	シ	大型変圧器など。ボギー台車を複数備える
	車運車	ク	自動車、バス、馬車など
	土運車	リ	砂利や砕石など
タンク貨車	タンク車	タ	石油、バラ積みセメントなどの液体、粉状
	水運車	ミ	水質の悪い地区の車両基地にボイラー用の水を輸送
ホッパ貨車	ホッパ車	ホ	鉱石、砕石、セメント、小麦など、粒状物
	石炭車	セ	石炭

な例としては、特定の荷主（石油元売会社）が特定の積荷（ガソリンなど）を特定の区間（例・臨海部の製油所〜需要地の蓄積所）で運送するために所有するもので、積荷の特性にあわせた形状・機能を持つことになる。私有車の車種としては自ずとタンク車、ホッパ車、大物車などが大半を占める。大物車のように一形式１両のみのものや、タンク車では一形式が１０００両以上になっているものもある。ただし汎用の有蓋車、無蓋車、コンテナ車は原則として私有貨車として認められていない。なお、貨車以外に客車などでも郵政省所有の郵便車があったほか、日本銀行所有の現金輸送用の荷物車も２００４（平成16）年まで運用されていた。

現在も鮮やかな緑色などに塗られたガソリン・タンク車などをよく目にするが、私有貨車の起源は旧く遡る。その嚆矢を求めると、１８９３（明治26）年に神戸の石油商サミュエル商会が私有油槽車を造り、関西地区で輸入灯油の輸送に使った記録がある。１８９９（明治32）年には小倉常吉が10両の油槽車を造り、新潟県産の石油が官鉄と日本鉄道を経由して東京へ輸送された。また、１９００（明治33）年には東京の浅野石油部支配人から、横浜〜名古屋間で輸入灯油を輸送するために油槽車の製造・所有の出願が官鉄の鉄道作業局にあり、これを許可した記録もある。

このような動向に対応して、幹線の国有化を終えた帝国鉄道庁は１９０７（明治40）年に私有貨車の車籍、運転、検査、修繕に関する取り扱いの諸手続を初めて定めた。私有油槽車は計３８５両あり、そのうち、保守を私有車が行う油槽車が２０８両（日本石油98両、南北石油１００両、紐育スタンダードオイル10両）、保守を帝国鉄道庁に委託する油槽車が１７７両（国油石油１２４両、小倉常吉48両、桑原謙三５両）であった。私有タンク貨車は石油系統だけでなく、ピンチガス、濃硫酸、苛性ソーダ、希硫酸、ベンゾール専用貨車も登場した。

１９３５（昭和10）年時点では１２０９両の私有タンク車があったが、積載貨物は石油、揮発油、原油、重油、ベンゾール、濃硫酸、希硫酸、アンモニア水、液体アンモニア、二硫化炭素、苛性ソーダ、牛乳、植物油の14種に分かれていた。私有タンク車はその後もじわじわと増え、１９４１（昭和16）年末には１７００両に達したが、太平洋戦争の勃発により、ライジングサン石油会社所有の１６６両とスタンダード石油会社所有の96両の計２６２両が敵産管理法の適用を受けて徴用された。

増加し多様化していった戦後の私有貨車

終戦後、産業の復興と朝鮮動乱の特需によって、私有貨車による貨物輸送は増加し多様化していった。その一つは電源開発関連の私有貨車で、国内各所の水力発電用ダム建設に大量のセメントと砂利の輸送が必要となったからである。セメント輸送用のホッパ車が大量に造られたが、当時ホッパ車が国鉄の管理種別にないため、ホッパ車でありながら形式手続的にはタンク車として登録された。ただし、１９５６（昭和31）年には漸く「ホッパ車」という種別ができて、実態と合致するようになった。

しかし、私有貨車としての絶対数では何といってもタンク車が断然多く、台枠とタンクを一体化した大容量のタンク車や高圧ガス状態でも運べるタンク車が登場し、ＬＰガス、液体アンモニア、液体塩素、液体塩化ビニルなどの輸送に使われた。

また、大物車は両数こそ少ないが、見た目としては極めて目立つものである。戦前は、潜水艦用のディーゼルエンジンや電車の車体輸送などに使われたが、戦後は電源開発に伴う大型変圧器や発電機などに使うため、より大型化されていった。そのため、重電機メーカーと車両メーカーが共同で、荷重が１２０トンから２００トンを超す大物車を開発し、１９６１（昭和36）年に製作されたシキ７００型は計28軸を持ち、２８０トンを積める狭軌鉄道最大の大物車になった。

1962（昭和37）年には、モータリゼーションの隆盛によって自動車輸送用の私有貨車が登場し、1965（昭和40）年に「車運車」という種別ができた。1965年以降は、産業の高度化と消費需要の向上によって鉄道貨物輸送需要は複雑化し、私有貨車も増加傾向を示した。

私有貨車の製作技術も進歩して、タンク車では台枠の上にタンクを置いた構造から、フレーム構造でタンクの胴回りの太さが変化しているタンク車が出現し、定着していった。タンク車やホッパ車の積載荷重は30トン、35トン、40トン、さらには1967（昭和42）年に43トン積みにまで増大した。また、荷降ろしや内部構造についても、エアスライド式やより高圧のタンク車もデビューした。

しかし、自動車と高速道路の発展でトラック輸送が急伸し、港湾の整備によって重量貨物には船舶輸送が増えていったの

表2-8　1950〜2000年の貨車総数の推移

年	私有貨車					私有貨車計	国鉄・JR車計	私有貨車の比率%
	タンク車	ホッパ車	大物車	車運車	その他			
1950	2,622		38			2,660	109,719	2.4
1960	7,223	535	56			7,814	118,729	6.2
1970	16,464	1,756	65	32	84	18,401	149,378	11.1
1980	17,223	2,107	51	44	22	19,447	99,402	16.4
2000	6,538	782	25	117	18	7,480	9,761	43.4

自動車輸送用の「車運車」ク5000形

タンク車には私有貨車が多かった

で、貨物列車による石油類やセメントの輸送需要は減少に向かった。このような背景を含みつつ、1950（昭和25）年から2000（平成12）年までの貨車総数の推移を見ると**表2-8**のようになる。

私有貨車の比率は上がっているが、貨車総数では1970年の16万7961両から2000年の1万5405両へと、10分の1以下にまで激減しているのである。貨車の大型化と運用の効率化があったにしても、現在の鉄道貨物輸送の置かれた厳しい環境が表れている。

コンテナ貨車の時代へ

戦後は、どの国でもモータリゼーションや高速道路の拡充に対して、効率の高いコンテナ化が各国の鉄道貨物輸送にとって不可欠であった。日本における本格的な鉄道のコンテナ輸送は1959（昭和34）年から始まり、コンテナ専用貨車に5トンコンテナなら5個積み、10トンコンテナなら3個積みを基本とした。その象徴が汐留～梅田間直行の「たから号」の運転開始で、5トンコンテナを5個積んだコンテナ専用貨車・コキ5000形の25両編成であった。

汐留～梅田間直行のコンテナ列車「たから号」

この5トンコンテナのサイズは今よりやや小型で、長さは10・7フィートであった。初期の利用率は積載能力の70％と比較的好成績であったが、翌１９６０年になると、割高な運賃設定もあって利用率は50％へと減ってきた。それに対して20％近い運賃値引きを行って、それ以降需要は回復し、コンテナ専用列車こそ汐留～梅田間だけであったが、コンテナ貨車も連結した列車は東海道線以外にも拡大してコンテナ輸送線区は広がった。この流れの中でコンテナ輸送需要の少ない線区用にコンテナ2個または3個積み用の二軸貨車も登場した。

しかし、コンテナ輸送も次第にトラック輸送に浸食されていったため、国鉄では次の対策が

「たから号」に使用された国鉄初のコンテナ専用貨車チキ5000形

必要になった。そこで、最高時速100キロに対応した新型コンテナ貨車コキ10000系などを投入してスピードアップを図るとともに、コンテナも5トンサイズだけでなく10トンサイズも加えた。また、トラックとの連携輸送を行う「フレートライナー」列車を増やしていった。

1959（昭和34）年のコンテナ列車の運転開始以来、ここまで貨物列車の積むコンテナの開発・所有は全て国鉄が行ってきたのだが、1970（昭和45）年になって「私有コンテナ制度」を設け、利用顧客がコンテナの製作と保有をできるようになった。ただ対象はタンク、ホッパなど特殊なコンテナと20フィート・10トン有蓋コンテナに限定された。その結果、油脂、石油化学製品、生乳用のタンクコンテナや樹脂

タンクコンテナなど、さまざまなタイプのコンテナが登場した

国鉄初の冷凍コンテナも試作された

表2-9　主力コンテナ貨車の諸元

登場年	形式	全長	荷重	台車緩衝装置	最高時速
1959	コキ5000形	18,300ミリ	28トン	コイルバネ・ダンパ	85キロ
1966	コキ10000形	18,300ミリ	28トン	空気バネ・ゴム	100キロ
1971	コキ50000形	20,400ミリ	37トン	コイルバネ・ゴム	110キロ
1987	コキ100系	20,400ミリ	41トン	コイルバネ・ダンパ・ゴム	110キロ
2002	コキ200形	15,000ミリ	48トン（海上コンテナ）	コイルバネ・ダンパ・ゴム	110キロ

類用のホッパコンテナ、冷蔵コンテナなどさまざまなタイプのコンテナが出現した。

このように貨車の主力はコンテナ貨車となっていったが、現在の車両を含む主力車両の変遷を一覧にすると**表2-9**のようになる。

コンテナ輸送黎明期にはローカル線用の二軸車も存在したが、基本的に車体中央部の梁を下方に太くした魚腹形台枠をもつボギー車が主力である。初期のボギー台車のコンテナ貨車コキ5500形では10フィート形コンテナ5個積みであったが、1971（昭和46）年に登場したコキ50000系以降は車体を延長し、12フィート形コンテナ5個積みが標準となった。それ以前に製造された10フィート形コンテナ5個積みのものは、12フィート

空気バネ台車を装備し、最高時速100キロに対応したコキ10000系

コンテナ４個積みに改造されている。

　コンテナ列車は同時に高速化にも配慮されていて、最初のコンテナ列車「たから号」の最高時速は、当時の一般的な貨物列車の最高時速65キロを大きく上回る85キロで、１９６６（昭和41）年には最高速度である時速１００キロのコンテナ貨車コキ１００００系が登場した。しかし、コキ１００００系は空気バネ台車やブレーキ装置などへの圧縮空気供給の関係から、牽引する機関車が限定されるなどの欠点もあり、１９７１年からは最高時速は95キロながら牽引機関車を選ばないコキ５００００系の製造に移行した。

日本のコンテナの歴史

今や日本の鉄道貨物輸送の中核となったコンテナだが、ここで日本における歴史を回顧してみたい。そもそも不揃いな貨物を箱（コンテナ）に詰めて荷役しやすくするアイデアは、19世紀から発想されており、20世紀にはアメリカやヨーロッパの鉄道会社および軍部などがコンテナの規格づくりに取り組んだ。しかし当時、鉄や木材でコンテナを造るとコンテナ自体が重くなって、移動したり貨物を積み降ろしする作業性も悪いため、十分に普及しなかった。

それでも小型コンテナは、１９２０年代に欧米で徐々に普及し始めたので、日本の鉄道省・運輸局は欧米諸国のコンテナ事情の調査研究を行った。それに基づいて、１９３１（昭和6）年に「イ号コンテナ」という1トン積みコンテナを１００個試作した。上部4ヵ所に荷役のための釣り手を備え、底部両端を船底形にして、コロを入れて小移動できるようにした。まずは織物、靴、菓子、玩具、紙製品などの小口貨物の無包装輸送で試験した結果は良好であったが、これら商品の小口輸送にはコンテナの容積が過大であり、また空コンテナでの返送となる片道輸送が多くなるほか、クレーンなど積み降ろしの設備が不十分だったりと問題が多かった。１９３２（昭和7）年には１５０キロ積みの「ロ号コンテナ」

1931（昭和6）年に登場した「イ号コンテナ」

を２００個、１９３４（昭和９）年にはさらに小型化した「ハ号コンテナ」を８７０個製造すると軌道に乗り、１９３５（昭和10）年からこれら３様式のコンテナ輸送を本格化させ、合計５０００個以上に達した。しかし、戦時体制に入ってコンテナ貨物輸送は中止になった。

戦後復興がなされてくると、国鉄はトラック輸送の脅威を察知して、「戸口から戸口への輸送」にどう備えるかの検討を始めた。戦前に行った小型コンテナの経験と、戦後の欧米市場の調査も踏まえて、とりあえず小型コンテナから試験輸送することになった。１９５５（昭和30）年に荷重３００キロと６００キロの小型冷蔵コンテナを試作して、

1969（昭和44）年に登場した国鉄の20フィートコンテナ

宮古～東京市場間、塩釜～東京市場間、浜田～丹波口間、笹島～汐留間で鮮魚輸送を、小田原～汐留間では写真フィルム輸送を行い、その後、野菜類の低温輸送も試験した。

一方、大型コンテナはドイツ連邦鉄道の3トンコンテナを参考にして、1955年に2・5トン積みコンテナを造り、汐留～梅田間、汐留～笹島間などで試験運行を行った。試験は順調ではあったが、この大きさでは実際の輸送単位としては小さ過ぎるとの判断となり、1959（昭和34）年には10フィートの5トン積みコンテナを試作した。そして、この年に汐留～梅田間にコンテナ専用列車「たから号」の運転が始まったのである。

表2-10　現在主に使われているコンテナのサイズの一例

分類	呼称	長さ（mm）	高さ（mm）	幅員（mm）	積載重量（トン）
国内規格	10フィート	2,991	2,438	2,438	5.0
	12フィート	3,715	2,500	2,450	5.0
	12フィート背高	3,715	2,600	2,450	5.0
	20フィート	6,150	2,500	2,490	8.8
	31フィート	9,410	2,605	2,490	13.8
国際規格	20フィート	6,098	2,591	2,438	21.8
	40フィート	12,192	2,591	2,438	26.7
	40フィート背高	12,192	2.896	2,438	26.6

その後、１９７０（昭和45）年頃から12フィートの５トン積み、20フィートの８・８トン積みコンテナが登場し、10フィートコンテナはだんだん減少していった。国内規格と国際規格のコンテナを合わせて、現在主に使われているコンテナのサイズを一覧整理すると**表２－10**のようになる。総じて国際規格の方が大型となっている。

この間、用途や構造上の種類も多様化して、通常のコンテナ、通風コンテナ、冷蔵コンテナ、冷凍コンテナ、無蓋コンテナ、タンクコンテナ、ホッパコンテナ、電源コンテナなどが登場している。そして、２０１７（平成29）年現在のＪＲ貨物保有の国内規格のサイズ別コンテナ数は**表２－11**のとおりである。各サイズが満遍なく流通しているのではなく、12フィートタイプがほとんどを占めて

日本石油輸送の冷蔵コンテナ

JR貨物の31フィートコンテナ。側面二枚折りのフルウイングコンテナとなっている

おり、20フィートタイプや31フィートタイプは少ない。

一方、コンテナの機能別に分けると、表２-12のようになる。なお、汎用のドライコンテナはＪＲ貨物の所有が多いが、特殊なタイプになると、私有コンテナになっているようである。

表2-11　JR貨物保有のサイズ別コンテナ数

サイズ	保有本数
12フィート汎用タイプ	50,780本
12フィート通風タイプ	13,626本
12フィート背高タイプ	1,060本
20フィート汎用タイプ	374本
31フィート汎用タイプ	140本

表2-12　主なコンテナの種類と機能

コンテナ種別	特徴
ドライコンテナ	一般的な海上コンテナ、陸上では倉庫として使用可能
リーファーコンテナ	冷蔵、冷凍など温度管理が可能、生鮮食品、生花、冷凍食品などの輸送用
タンクコンテナ	タンク本体を枠で支えるコンテナ、液体、ガス、化学薬品などの輸送用
ベンチレーターコンテナ	通風孔のついたコンテナ
オープントップコンテナ	天井部分が取り外しできるので、コンテナ上部からの荷役が可能
ペンコンテナ	動物運搬用で、通風、給餌、排泄に考慮された構造

世界と異なる日本のコンテナ事情

ここまでは、あくまで日本国内の鉄道貨物用として用いられるコンテナについて述べてきたが、こうしたコンテナが日本では鉄道輸送のみならずトラック輸送も含めて国内コンテナ輸送の中核になっていて、海上コンテナの国内使用はぐんと少ない。実はそこが世界各国と大いに異なるのである。というのも、海外では海上コンテナが共通して国内輸送にも使われているからである。

そもそもコンテナが国際的に広く流通する発端となったのは、決して鉄道用コンテナやトラック用コンテナではなく、国際航路の船舶に積む海上コンテナであった。従来バラ積みであった海上の貨物輸送をコンテナという箱に収めた輸送に切り替えて合理化しようというもので、1956年にアメリカの陸運業者のマルコム・マクレーンが中古軍用タンカーを改造してコンテナ船に仕立て、ニュージャージー州ニューアークからテキサス州ヒューストンまで58個の金属製コンテナを積んで運航したのが嚆矢である。

この海上コンテナがインターモーダルコンテナ（intermodal container）とも呼ばれる理由は、複数の輸送モード（船舶・鉄道・自動車）の間をコンテナのままで積み替え輸送できる「インターモーダル輸送」が強く志向されたからで、そのサイズおよび仕様や積載可

国際規格のISOコンテナを積んだコキ106形。右隣のJRコンテナとの高さの差がわかる

能重量などが国際的に標準化され、ＩＳＯでも正式に認定されている。すなわち国際規格のコンテナは海上輸送用に開発されたが、同時に内航船舶、鉄道、トラックでも共通に使われるように考慮されていたのである。

日本では、この海上コンテナが登場するよりもずっと前からコンテナの利用が始まったことも大きなポイントであった。前述したように、国鉄が12フィート長と20フィート長のコンテナを造り、鉄道貨物用コンテナとして使い始めると、それがトラック用としても使われ、国内独自の規格品として定着していったのである。

それでは国際規格の海上コンテナの鉄道輸送はというと、１９６７（昭和42）年に米軍

鉄道による初めての海上コンテナ輸送は1967年で、米軍の要請によりチキ3000形貨車を使用して横浜港から三沢へ輸送した

の要請によってチキ３０００形貨車を使って横浜港から三沢に輸送したのが始まりで、その後も米軍関係の輸送は続いた。

これに啓発され、海上コンテナ輸送の増加が見込めるのではないかと、海上コンテナ１個積みおよび2個積みの貨車各１両ずつを試作し、さらに１９６８（昭和43）年から２個積みのコキ１０００形を70両製造。名古屋港～神戸港間などの輸送に使われた。その後、改造によりチキ４５００形やチキ５０００形も登場し、海上コンテナ搭載可能貨車として計約２００両が揃った。しかし、海上コンテナの外航船からの積み取りは内航船やトラックに押され、１９７８（昭和53）年頃にはいったん終了してしまった。

海上コンテナも積載可能なコキ100系

国鉄民営化で貨物輸送を引き継いだJR貨物は、1987（昭和62）年にコキ100系を開発。最高時速は以前の85キロから100キロ、そして110キロへと向上させた。高速化に伴って必要になるのはより強力なブレーキで、これは国鉄時代のコキ10000系からCLE方式（応荷重装置付電磁自動空気ブレーキ）が導入されている。コキ100系の台枠は、従来のコンテナ車と同様な魚腹形側梁であるが、海上コンテナなどで一般的な高さ8フィート6インチ（2591ミリ）のコンテナを積載できるよう床面高さを従来車のコキ50000形などより1000ミリ下げ、1000ミリとしている。車体長はコキ50000形と同一の1万9600ミリを基本とし、一部車両を除いて車体の一端に手すりとデッキ、昇降用ステップを有して、外部塗色は明るい青色、台車は灰色である。積載重量は20フィートコンテナ（総重量13・5トン）を3個積載できるように40・5トンとした。台車はコキ50000形のものをベースとしている。

コキ100系はまさに現在のコンテナ貨車の主力として、2017（平成29）年時点での総数は7000両に達している。また2002（平成14）年には、重量のある海上コンテナの積載が可能なコキ200形が登場。海上コンテナの主力の40フィートコンテナを1個

JR貨物が1987年に開発した最高時速110キロのコキ100系。海上コンテナも搭載できる

積載するジャストサイズにしたため、全長が15メートルと短くなっているのが特徴だ。

これらの新世代のコンテナ貨車で大事なことは、背の高い海上コンテナも積めるように床面高を下げたことであり、「海上コンテナの鉄道輸送」という難題に改めて取り組むことになった。それが実って、1989（平成元）年に東京貨物ターミナルから横浜本牧埠頭への空コンテナ回送が始まり、さらに、本牧埠頭〜東京貨物ターミナル〜宇都宮貨物ターミナル間、本牧埠頭〜仙台港間、同〜盛岡貨物ターミナル間などへと拡大していった。

しかし、最近の海上コンテナはさらに背高のタイプとなる9フィート6インチ（2896ミリ）のものもかなり普及している。それを運ぼうと

重量のある海上コンテナの積載が可能なコキ200形。全長が15メートルと短い

するとコキ１００系ではほとんどの線区で対応できないことから一層の低床車が必要となり、床面をコキ１００系より２９１ミリも下げたコキ70形が１９９１（平成３）年に２両試作された。低床化のために車輪の直径をコキ１００系で使う直径８１０ミリから６１０ミリへと大幅に小さくしたのである。しかし、小車輪で走ると回転数が上るため、軸受けなどの摩擦・摩耗も激しくなる。試運転の結果も芳しくなかったようで、本格的な増備車は登場しなかった。

その後、何両かの試作車を経て、２０１６（平成28）年に各種海上コンテナ輸送用としてコキ73形１両が再度試作された。物流の２０２４年問題への対応もあり、３両を追加で

背高タイプの海上コンテナ輸送用に開発された低床貨車コキ73形

製作して、低床貨車による背高コンテナ輸送の実証実験などを行っており、その成果が注目される。

貨車の技術的進歩

一般的に鉄道車両の中で、技術的進歩と最も縁遠いのが貨車だと思われがちである。確かに蒸気機関車、ディーゼル車、電気車両に比べればもちろん、客車に比べても技術的に単純だと思われているし、それはあながち否定はできない。しかし、明治初期の単純で小型のマッチ箱的二軸単車構造の貨車と、最新のコンテナ積載用の高速ボギー貨車との技術的懸隔は大きい。

一方、貨車の技術的進歩の過程と推移はあ

まり顧みられることがないから、ちょうどよい機会と捉えレビューしてみたい。貨車の進化には、大型化、堅牢化、安定化、高速化といった要素が関連してくる。わが国の在来線は狭軌なので自ずと車両限界が小さいし、概して地盤が弱いため許容される軸重も小さい。したがって、欧米の貨車に比べて小ぶりで積載重量が少ないことは免れないが、その中での大型化は成されてきた。

まず、単車とボギー車の比率とその推移であろう。幸い1921（大正10）年、1936（昭和11）年、1969（昭和44）年、2003（平成15）年のデータが入手できたので、時系列で並べて見ると興味深い（**表2-13**）。明治期以来、ずっと単車の比率が高く、戦前はボギー車の比率は5%にも満たなかったのである。戦後になってもボギー車の比率はなかなか上がらず、1969年でもやっと20%を超えた程度であった。それが民営化頃から急激に変化し、2003年にはもうほとんどボギー車になっている。こうして見ると、1872年の鉄道開通以来100年以上にわたって貨車は二軸単車天国が続き、最近の30～40年で漸くボギー車の時代になった趨勢がわかる。

堅牢化という意味では単車構造の貨車は、最初は台枠が鉄と木材の組み合わせ、側壁、妻、屋根などの車体は木材主体の構造であったが、次第に台枠が鋼製化され、車体も鋼製

表2-13　二軸単車とボギー車の比率と推移

年	分類	二軸単車	ボギー車	合計
1921年	国鉄所有車	50,549両	1,943両	52,492両
	私有車	737	8	745
	計	51,286 (96%)	1,951 (4%)	53,237 (100%)
1936年	国鉄所有車	70,503	2,681	73,184
	私有車	1,260	0	1,260
	計	71,763 (96%)	2,681 (4%)	74,444 (100%)
1969年	国鉄所有車	132,327	19,457	151,784
	私有車	1,933	15,618	17,541
	計	134,250 (79%)	35,075 (21%)	169,325 (100%)
2003年	JR貨物所有車	1,068	8,006	9,074
	私有車	13	5,748	5,761
	計	1,081 (7%)	13,754 (93%)	14,835 (100%)

化されていったのが大きな流れである。ボギー車も最初は木造主体の構造だった。

安定化・高速化は、基本的に単車をボギー車化させることが根幹にある。車体と車軸が固定された単車構造では、レールのカーブや凸凹に対する車輪の走行追随性が悪いことは目に見えているからである。ただ、二軸単車構造の車両にも板バネと台枠の固定取り付け部に2段リンク・バネ吊り装置を付けるようになったことは、かなり画期的であった。旧来の二軸単車では最高時速が65キロに抑えられていたのを、高速安定性

初期の二軸貨車

を増すために１９５２（昭和27）年から鉄道技術研究所が研究に着手。多くの実験も繰り返した結果、１９５４（昭和29）年から実用化され、それ以降の新製二軸貨車は原則としてこの方式を採用することになったのである。これにより、２段リンク貨車だけで編成した小口急行貨物列車は、運転最高時速を75キロまで上げることができるようになった。

しかし、貨車の安定高速化のためには、ボギー貨車の普及とその台車の改良が本題であった。これを時代的に大別すると、板バネ台車を使った時速75キロ走行の段階、コイルバネにオイルダンパーを併用した台車による時速85キロ走行の時代、空気バネ

2段リンク・バネ吊り装置の付いた二軸貨車

台車の導入による時速１００キロ走行の時代、そして台車の改良を重ねた時速１１０キロ走行の段階である。

貨車用の台車は構造が簡単で廉価であることが求められるうえ、貨物積載時と空車時との荷重差が大きいので重心を高く取らざるを得ない制約があるため、高速安定性のよい台車を造ることが難しい。電車や客車の場合、最新の台車というと空気バネの装着が常識になっているが、貨車の場合はそうではないのである。

１９６６（昭和41）年から営業運転を開始したコキ１００００系コンテナ車をはじめ、レサ１００００系冷蔵車、ワキ１００００系有蓋車などの１００００系貨車に初めて空気バネ台車を装着し、時速１００キロの高速走行を実現したが、空気バネは乗り心地も安定性も客車なら申し分ないものの、使用条件が過酷な貨車に使うとローリングが避けられない面がある。そこで、コイルバネとオイルダンパーを併用する台車を持つ貨車のブレーキ装置に改良を加え、１１０キロ走行の列車に適応した。それらの経験も踏まえた新型台車が１９８７（昭和62）年に完成してコキ１００系に導入。そこへ防振ゴムも併用した改良型台車が現在の１１０キロ走行を支えているのである。

なお、貨車の技術史としては、真空ブレーキの採用、空気ブレーキの採用のほか、日本では自動連結器への一斉交換なども大きな転機にはなっているが、これらの出来事は機関車でも客車でも全てに共通な事柄なのでここでは省略したい。

貨車の寿命はどのくらいなのか

ここまで多くの貨車について述べたが、貨車の寿命はどの程度なのだろうか。税制上の償却年数は鉄道車両でも種別に決められているが、実際に鉄道車両を使い切って廃車にする年数は償却年数よりはるかに長い。

詳しい統計数字は発表されておらず、機関車や電車について巷間いわれている耐用年数は表2-14のとおりであるが、貨車については極めて資料が乏しいため、ご容赦いただきたい。

表2-14　鉄道車両の償却年数

車両種別	税制上の償却年数	実際の使用年数
蒸気機関車	18年	20〜50年
電気機関車	18年	25〜35年
電車（新幹線車両）	13年	15〜25年
電車（在来線特急車両）	13年	25〜35年
電車（在来線通勤車両）	13年	30〜40年
内燃動車	11年	20〜30年
貨車（高圧ボンベ・タンク車）	10年	
貨車（薬品タンク車および冷凍車）	12年	
貨車（その他のタンク車および特殊構造車）	15年	
貨車（その他の貨車）	20年	

コラム 2

貨物列車の競合脱線

1970年頃まで、国鉄の貨車はボギー車より、二軸単車の方が多かった。車体と車輪が板バネを介して固定された構造なので、車輪の踏面とレールとの接地追随性は悪く、貨物列車の脱線は旅客列車よりどうしても多かった。それが原因となって大事故となったのが、1963（昭和38）年11月9日21時40分に東海道線鶴見～新子安間で起きた「鶴見事故」である。

下り貨物列車と横須賀線の上下列車の3列車が絡んだ列車脱線多重衝突事故で、死者161名、重軽傷者120名を出す大惨事となってしまったが、貨物列車の3両目の二軸単車タイプの貨車の突然の脱線が原因であった。現場検証の結果、貨車はカーブから直線に差し掛かる緩和曲線部分でレールに乗り上げていた事実はわかったが、国鉄は究極の脱線原因について徹底的に調査した。車両の欠陥、積載状態、線路状態、運転速度、加速原則状況などあらゆる角度で調べたが、これだという主因は究明できず「競合脱線であった」と結論付けられた。

国鉄は事故後に技術調査委員会を設け、二軸貨車の模型を使ってシミュレーションを行ったほか、1967（昭和42）年からは廃線となった根室本線・狩勝峠の旧線を使っての実車実験も繰り返された。それを踏まえて、曲線区間における護輪軌条の追加設置、二軸貨車のリンクの改良、車輪踏面の

二軸貨車の脱線が原因となった「鶴見事故」

改良などが実施されている。

国鉄の民営化以降二軸単車の貨車は順次廃車され、現在ではほぼ消滅してしまったため、その意味で競合脱線は激減したが、ボギー台車の新型コンテナ貨車においても主因が突き止め難い脱線事故は起きている。貨車では客車と違って空車時と積載時の荷重に大きな差が出るので、軽荷重モードと全荷重モードの切換が行われているが、さまざまな悪条件が重なることにより、ローリングや共振が起きるなどの問題が発生することもあるようである。また、タンク車の剛性が高くて線路の捻れに追従できずに乗り上がり脱線したケースもあった。こうしてみると、いかに鉄道貨物輸送が複雑で難しいものなのか改めて認識させられる。

根室本線・狩勝峠の旧線を使った実車の貨車などによる実験の様子

第3章

国鉄時代の貨物列車

鉄道貨物輸送の歴史

日本の鉄道の歴史において、1872（明治5）年から現在までの約150年間を鉄道貨物の輸送形態に注目してみると、大きく次のような時代区分をしてよいだろう。

第1期：明治・大正の貨物列車（「車扱い貨車輸送」の時代＝1872年～1925年）
第2期：昭和の貨物列車（「貨車集結輸送」の時代＝1926年～1986年）
第3期：民営化後の貨物列車（「貨車直行輸送」の時代＝1987年～現代）

本章ではこのうち、第1期と第2期をあわせた115年間について、いささか長期間に及ぶものの「国鉄時代の貨物列車」という括りで述べていきたい。

さて、東京近辺の鉄道においては1887（明治20）年の新橋～国府津間の開通により貨物列車の運行は1日3便となった。そして、1889（明治22）年に東海道本線が全通すると、旅客列車はさっそく新橋～神戸間で直通列車の運転が開始されたが、貨物列車ではいきなりそうした運転形態にはならず、新橋～静岡間、静岡～浜松間、浜松～馬場（後

9号機関車が牽く明治時代の貨物列車　（鉄道博物館所蔵）

に大津↓馬場↓膳所《ぜぜ》）間、馬場〜大阪間の四区間に分けられ、四つの区間列車をリレーして運ばれた。そのため新橋〜大阪間の所要時間は40〜50時間であった。しかも当時の区間列車は客貨ともに輸送量が少ないことから、京浜区間と京阪神区間を除き、全て混合列車として運行された。それでも従来、船で運ばれていた関東〜関西間の貨物は次第に東海道線にシフトされていったのである。貨物列車も全通後4年経った1893（明治26）年からようやく直通運転を始め、新橋〜大阪間が30時間強に短縮された。1898（明治31）年には官営の北陸本線米原〜金沢間が開通し、新橋〜金沢間の直行貨物列車は43時間で運行され

石炭列車の並ぶ明治30年代の水戸駅　（鉄道博物館所蔵）

た。

一方、東京から北に向かう幹線鉄道は全て私鉄の日本鉄道が一手に引き受けていた。まず信越方面に向けては、1883（明治16）年に高崎線の上野～熊谷間が開通すると、養蚕地帯だった熊谷方面から生糸の貨物輸送が始まった。翌1884（明治17）年までには前橋まで延伸され、さらに赤羽～品川間もつながると、東海道線との連携輸送が始まり、沿線から東京、横浜に向けて生糸や米が、逆方向では鮮魚や雑貨類などが貨物として運ばれた。また、東北方面に向けては1885（明治18）年に東北本線の上野～宇都宮間が開通したが沿線の開発は鈍く、当座の旅客、貨物とも輸送量は少なかった。さらに、常磐方面に向けては１８９８（明治31）年に上野～岩沼間が全通すると、北九州・筑豊炭、北海道・夕張炭同様、常磐炭を柱とした貨物輸送が始まり、石炭列車は当時の貨物列車の一つの根幹となった。その間、１８９０（明治23）年には貨物線が上野から秋葉原まで延伸されて秋葉原に貨物駅が設けられ、上野駅は旅客専用の駅になっている。

西日本では、１９０１（明治34）年に山陽鉄道によって現在の山陽本線神戸～下関間が全通し、旅客列車も貨物列車も一部で東海道本線との直通運転が始まった。それまで姫路以西の貨物輸送は混合列車や区間列車が主体だったが、長距離直行運転に切り替わっていった。

日清戦争（１８９４～１８９５年）後は産業が発展して自ずと貨物輸送も活発になった。それに応えるため鉄道は、貨物列車の輸送力増強、速達化、輸送方法の改善に取り組むこととなった。官営鉄道では、１８９７（明治30）年に貨物列車でも速度を上げた直行列車と速度の遅い区間列車に分けて運行することとし、直通列車は急送を要する貨物と65キロ以上の長距離貨物を運び、その他の貨物は区間列車で輸送するというルールであった。１８９８（明治31）年には新橋～神戸間に速達貨物列車１往復の運転を開始。17の主要駅に停車する全線

明治30年代の田端駅構内　（鉄道博物館所蔵）

の所要時間は約30時間だった。

日露戦争（１９０４年〜１９０５年）が終結すると日本の産業は軌道に乗り始め、好景気により官鉄も私鉄も旅客・貨物の輸送量増加に対応して列車の時刻改正を行い、新橋〜神戸間の直行貨物列車のスピードは変わらなかったものの11本に増発された。山陽鉄道では大阪〜下関間に急行貨物列車を運行し始めたが、それが最急行旅客列車と同じ13時間30分で結んだというから当時では破天荒に速い貨物列車であった。日本鉄道では秋葉原〜青森間の直通列車は未だなく、仙台で中継輸送すると全線で約50時間を要していたのである。

１９０７（明治40）年に主要幹線が国有化されて以降、１９１３（大正２）年には東海道本線が全線複線化され、また羽越線・信越線・北陸線が全通して、日本海側を縦貫する青森～大阪間がつながったのである。この年に登場した９６００形蒸機機関車の牽引力は６００トンに増加し、10トン積貨車なら30両、７トン積貨車なら43両を牽引できるようになった。１９１５（大正４）年には編成貨車の解放・連結などの仕分けを行う施設として日本初の田端操車場が完成。これにより、東海道線などへの直通貨物列車の増発が行われた。

産業界はしばらく落ち着いていたが、第一次世界大戦（１９１４～１９１８年）が勃発すると、ヨーロッパ各国のように戦場にならなかったアメリカと日本の経済は大きく伸びた。それに伴い貨物輸送需要も大きく伸びたので、機関車や貨車の増備、一列車における貨車の連結両数の増加などを行った。当時の貨物品目としては、重量ベースで石炭が37％、材木が９％、米が４％であった。魚好きの日本人は鮮魚輸送の需要も大きくなったため、１９０８（明治41）年には車体両妻部に氷槽を設けた冷蔵車を製造。下関～大阪間、下関～新橋間、青森～秋葉原間で鮮魚の長距離輸送が始まった。この冷蔵車は３８０両まで増備され、下関、長崎、青森など全国の主要漁港所在地に配置された。当時は満鉄（南満洲鉄道）や東支鉄道やシベリア鉄道とも連携して旅客・貨物の大陸連絡や欧亜連絡輸送交渉が進展し、貨物輸送については1911（明治44）年に大陸との連絡輸送が始まった。

当時の陸上貨物輸送はほとんどを鉄道に頼っていた時代だったので、石炭、材木、米といった重量貨物が重要であったが、一方では小口荷物の輸送ニーズも旺盛になってきたので、駅から駅へ急送だけでなく駅から戸口までの配達も鉄道省の責任で行う体制を整え、1927（昭和2）年から「急行宅扱貨物列車」の運行を開始した。なお、現在の宅配便の始祖ともいえる「宅扱い」については第5章で説明する。

列車数が増えると、貨物駅における貨車の仕分け作業は複雑化した。このため最小の輸送力で、最大の輸送量を確保し、同時に速達化を図る方法が模索された。その結果、同一方面または同一区間行きの貨車を集約して輸送する「貨車集結輸送方式」が考案され、まずは輸送量の多い東海道・山陽線の直行列車の運行を1910（明治43）年から開始した。すると途中駅での貨車中継の作業回数は減少し、列車の牽引定数は充足、さらに貨車の回転率が向上するなど、有効性が確認された。そのため1921（大正10）年からこの「貨車集結輸送」を東北線、常磐線、北陸線、信越線、羽越線、中央線、関西線など主要線区を中心として全国的に広めていった。このやり方をさらに徹底するには、各地に貨車操車場の整備が必要であった。

明治時代のタンク車と無蓋車　（鉄道博物館所蔵）

鉄道貨物輸送の種類の広がり

　ここでまずは鉄道発祥の地・イギリスの例を見てみたい。鉄道により大都市が地方とつながると、大都市の人々が消費する食物の大きな市場が形成され、大量の食肉、チーズ、穀類、野菜、果物、魚類、卵などが大都市の貨物駅に運ばれてくる。ロンドン市民にとって特に毎朝の新鮮な宅配ミルクは欠かせなくなってきたし、迅速に運ばなければならないので、ロンドン近郊からだけでなく遠距離から、貨物列車ではなく旅客列車で入着したのである。こんな活況によって、１８５０〜１８６０年頃はイギリスだけでなくフランスでも鉄道の貨物収益は旅客収益を上回っていた。食料以外で

表3-1　官鉄と日本鉄道の所有貨車種別一覧表

車種	官鉄 1897年	日本鉄道 1902年
有蓋車	1,007両	1,593両
無蓋車	780	522
石炭車	0	1,478
家畜車	28	1
土運車	605	175
材木車	30	12
石運車	1	
油車	82	30
魚運車	39	
馬車運送車	0	
緩急車	301	506
非常車	2	8
雪掻車	2	2
合計	2,877両	4,327両

はレンガ、ガラス、木材、鉄筋、鉄骨などの建築資材は都市の発展には欠かせないし、１８５０年代に出現した冷蔵貨車により新鮮な魚類や食肉が遠方から運べるようになった。

　話を日本に戻すと当初小口貨物が多く、貨車１両にいろいろな貨物を混載したが、１８７９（明治12）年に「一車貸切扱い制度」を導入すると、次第にこれが貨物輸送の主体になり、19世紀末期にはそれが全貨物の80％を占めるに至った。日本では当時どんな貨物品目が多かったかはっきりとした統計はないようだが、いくつかの記述から推測すると、木材、石材、砂利、薪炭、

貨物を搭載する車両の一部に車掌が乗り込む場所を設けた緩急車

米穀、綿糸、生糸、織物、紙、セメント、レンガ、マッチ、石鹸などであったようだ。

明治初期から中期にかけて鉄道貨物品目の詳細は掴み難いが、年ごとに増備されていった貨車の種別によって、おぼろげに鉄道貨物の内容の見当がつけられる。「おぼろげに」といった理由は、貨車の種別分類に「有蓋車」と「無蓋車」が圧倒的に多く、積載した貨物の中身の見当が全くつかないからである。当時の官鉄と日本鉄道の所有貨車種別一覧を**表3-1**に示す。

目的がはっきり明示された車種の中で、数量的に目立つのが「土運車」と「緩急車」である。「土運車」とは、読んで字の如く土や砂や砂利を運ぶ貨車で、主に線路の路盤工事などに使われる事業用貨車であり、当時鉄道建設が盛んであった証左である。初期の土運車の外観は無蓋車に類似したもので、荷台やアオリ戸の高さが低いものがそう分類されていた。鉄道の拡張期はどの鉄道でも保有していたが、土砂の運搬に特化したホッパ車に移行していき、トラックや土木機械の発達、保線車両の導入もあって、土運車は1985（昭和60）年までに全廃された。

「緩急車」とはブレーキ装置が取り付けられた貨車で、同様に初期の旅客列車にも緩急車は存在した。今では全車両にブレーキが設置されているが、初期の鉄道には編成を通してのブレーキがなかったために必要だった車両である。貨物を搭載する車両の一部に手動ブレーキと車掌や制動手が乗り込む場所を設けていたほか、貨物を積まない緩急車もあった。日本の貨物緩急車は1887（明治20）年に28両、1905（明治38）年度では758両に達し全貨車の9％を占めていたが、大正時代から貫通空気ブレーキが普及し始め、1933（昭和8）年までに全貨車への取り付けが完了すると手動ブレーキの機能は不要となった。しかし、車掌が走行中の列車を監視して、車両の破損、荷崩れ、連結が外れるなどの異常事態を発見した際に緊急に列車を停めるため、引き続き車掌が乗り込む車掌車は主に貨物列車の最後尾に連結されたものの、1985（昭和60）年のダイヤ改正で国鉄の貨物列車における緩急車・車掌車の連結は原則廃止された。

戦後のエネルギー革命まで石炭輸送で日本を支えた「石炭車」

日本鉄道の貨車で断然目立つのは「石炭車」で、1902（明治35）年時点では1478両に達しているが、これは1898（明治31）年にほぼ全通した常磐線によって常磐炭を首都圏などに運ぶためであった。低品質な石炭ではあるものの、首都圏に近いことからこの輸送は重視され、それまでの船舶輸送から鉄道貨物輸送に切り替わった。戦後も石炭輸送を目的とした急行貨物「ひたち号」が1964（昭和39）年から運行されたが、その後のエネルギー革命によって1973（昭和48）年を最後に常磐線の石炭輸送は終わった。

また、数は多くないが鮮魚運搬用の「魚運車」は、特に東京など大都会の住民の食卓に恵みを運んでくれた貨車であり、開通直後の京浜間の貨物列車で神奈川～新橋間に鮮魚が運ばれたという記録がある。ただし、魚運車は通風車のような構造だったため、貨車内に氷を積んでも長距離輸送は困難であった。そこで１９０８（明治41）年には日本初の「冷蔵車」が登場し、冷蔵鮮魚輸送が始められた。下関～新橋間、青森～上野間などの長距離輸送が行われると需要が高く、荷主の間で冷蔵車が奪い合いになるほどであった。冷蔵車は主に漁港の近くの駅に常備され、大都市の市場に隣接して設置された市場駅（東京市場駅、大阪市場駅など）まで輸送された。なお、魚運車は冷蔵車に代替されて１９２５（大正14）年までに早々と消滅している。

近江八幡駅で家畜車に積み込まれる牛（1965年頃）

　さらに牛肉についてみると、「近江牛」で有名な滋賀県からは生きた牛のまま陸路や船で東京まで運ばれていたようだが、１８８９（明治22）年に東海道線が全通すると貨物列車が充当され、近江八幡駅がその発着駅となった。ところが、１８９２（明治25）年に牛の疫病が全国に広まったのを契機に、生きたままの牛輸送がいったん禁止されて屠肉である枝肉の輸送が義務付けられることとなる。なお、１９１０（明治43）年時点で、近江八幡駅から東京へ６０００頭分、京都へ２０００頭分、横浜、名古屋へ各１０００頭分と運んでいるほか、大都市だけでなく、甲府、金沢、小田原などの地方都市へも貨物列車によって販路を広げていったのである。

「貨車集結輸送方式」の導入

この頃まで日本の貨物列車は、列車を編成した全ての車両が始発から終点まで走り切るということはなく、それぞれ行先の異なった貨車１～数両を単位として編成される「車扱い貨物輸送」が行われていた。そのため行先別に分かれた区間列車の運行が主体で、最終目的地までこのような区間列車の積み替えで対応していた。しかし、これでは貨物輸送量の増加に対応しきれなくなって、長距離直行列車を増やしていったのである。これだと貨物列車の到達時間は短縮できるが、列車の編成や貨車の離合集散も複雑になってきて、どこかで大規模な仕分けを行う基地が必要になってくる。そのために考案されたのが「貨車集結輸送方式」で、まずは輸送量の多い東海道・山陽線の直行列車を対象に1910（明治43）年にこれを実施し、1921（大正10）年には東北線、常磐線、北陸線、信越線、羽越線、中央線、関西線など全国的に実施された。この「貨車集結輸送」を本格的に実施するためには列車の分解・組成、すなわち仕分けを行う貨車操車場の整備が不可欠となり、まず梅小路、田端、広島、品川に、さらに1923（大正12）年から吹田、長町、稲沢、岡山、新小岩、青森の各地に貨車操車場を開設した。操車場に到着した貨物列車の貨車は行先別に、1~数両ごとに切り離されて、多数のポイントを経て方面別に分類された仕分線に送られる。そして新たに次の方面別の貨物列車が編成されて出発した。この操車場のメカニズムは第4章で説明したい。

その間、1925（大正14）年にねじ式連結器から自動連結器への一斉交換があったほか、新型貨物用機関車D50形の導入により貨物列車の重量は600トンから950トンに引き上げられ、東海道・山陽線の直通貨物列車は1000トン運転に引き上げられた。好評な長距離鮮魚輸送など急送品列車のスピードアップと増発の要請は強まり、これに応えていった。また、羽越線が全通した1925年には日本海縦貫ルートの青森~吹田間で直

山手貨物線原宿付近を走るD51形の牽く貨物列車

通鮮魚列車の運転を始め、下関〜梅小路間では表定速度が時速35キロになった列車が「鮮魚特急」と称された。

さて、貨物列車が運んだ品目別統計がようやく1920（大正9）年から出てくるので見てみたい（**表3-2**）。

1920（大正9）年は第一次世界大戦直後で、大戦中に日本の経済力は大いに上がり、日中戦争が始まる前の1936（昭和11）年までは経済発展という意味では戦前の最盛期であった。重量ベースなので品目別では相変わらず石炭が断然大きいが、米および鮮魚という基幹食料は堅調に増え、さらに木材、石炭、セメント、鉄、化学肥料といった建設用、産業用、農業用の

表3-2　貨物列車の輸送品目別統計

品目	1920年	1930年	1936年
米	2,433千トン	3,113千トン	3,399千トン
木材・チップ	5,899	5,525	7,529
石炭	19,719	22,447	30,626
砂利・砂	2,031	3,459	2,116
石灰石		1,634	1,875
セメント	578	1,518	1,940
銑鉄・鋼鉄	693	384	1,119
化学肥料	537	1,353	2,228
鮮魚・冷凍魚	460	604	756
貸切貨物	51,494	58,789	82,507

基礎資材も堅調に伸びていることは時代を反映している。「貸切貨物」は詳しくわからないが、数量的には圧倒的に多いことから、おそらく重量物ではなく、一車ごと借り切って運ぶ種々雑多な品目であろうと思われる。

昭和に入ると、主要幹線の隘路区間での線路増設のほか、大都市では貨物専用線が建設された。東海道線の品川～平塚間の客貨分離、東北線の田端～大宮間の複々線化、京都～鷹取間の複々線化、山手貨物線の敷設などによって貨物列車の流れは大いによくなった。また、１９３４（昭和９）年の丹那トンネルの完成は、貨物列車の運行にも大いに寄与した。

貨物列車の運搬量で最大だった石炭列車

明治時代と大正時代、そして昭和時代の前半を通じて、貨物列車の運搬量では石炭が最大であり、また長大な石炭専用列車として運行するケースが多く、視覚的にも最も目立つ存在であった。国内で石炭生産を続ける「釧路コールマイン」の石炭を積出し港まで運んでいた「太平洋石炭販売輸送臨港線」は2019（令和元）年に、輸入石炭を川崎から熊谷まで運んでいた日本最後の石炭列車も2020（令和2）年に廃止され、日本の石炭列車は130年以上の歴史の幕を閉じたが、かつては日本の産業を支える大動脈であった石炭列車の歴史を回顧してみたい。

かつての日本の産炭地帯は九州の筑豊地方、北海道の夕張地方、福島県・茨城県の常磐地方で、石炭の大消費地は京浜、阪神、中京、北九州地区であったから、前述の産炭地からこれら消費地に向かう石炭列車がほとんどであった。

産炭の歴史が最も古いのは筑豊地区で、江戸時代の18世紀から産炭が始まったが、それが盛んになって全国に搬出されるようになったのは明治になってから。明治初期までは直方・飯塚地区から遠賀川を船で下り戸畑・若松まで運ばれた。これに目を付けた筑豊鉄道が1891（明治24）年に直方～若松間に鉄道を開通させ、さっそく石炭列車が走り始めた。その後、北九州には石炭列車を主体とする筑豊線、篠栗線、香椎線、日田彦山線などの線路網が張り巡らされていき、これらの一部は九州鉄道に合併されたが、鉄道国有化により全て国鉄に糾合された。

北海道の産炭は釧路や幌内で始まったが、その後、石狩や夕張に中心地が移っていった中で三井、三菱、住友という大財閥の鉱山会社が進出していった。鉄道国有化前の北海道の鉄道の過半は「北海道炭鉱鉄道」という民営会社が運営しており、北海道ではいかに石炭列車が主役であったかが十分推測される。しかし、１９６０年以降のエネルギー革命の流れの中で多くの炭鉱が閉山されていった。

また、常磐炭田の歴史は比較的浅く明治初期から開発が始まったが、地形上産炭の作業性は悪く、採炭コストも高かった。しかし、大消費地である京浜地方に近く、鉄道で直行できるので、戦前から戦後にかけて栄え、常磐線の石炭列車はよく見られた。

石炭列車には、九州でも北海道でも常磐でも専用貨車が使われた。見た目や構造は砕石などを積むホッパ車に似ているが、石炭の方が比重が軽いので体積を大きくとれるのが特徴だ。港などの目的地に到着すると底部を開口して石炭を落下させていたが、温暖な北九州などとは異なり、冬季の北海道では凍結などによって難しいことから、石炭車の側面を開いて落下させていた。

壮観なのは北海道で見られた長大な石炭列車で、産炭地の夕張から積出し港の室蘭に向

筑豊本線飯塚駅を走るD50形牽引の石炭列車

から列車であった。同区間には緩い下り勾配と長い直線区間があるので、国鉄ではできるだけ長大な石炭列車を走らせて効率化を図った。１９１３（大正２）年には新製したばかりの９６００形を用いて２７００トンの石炭列車の牽引試験を行ったが、列車全長が６４０メートルにも及ぶため単線区間での列車交換に不便であった。そこで営業運転としては、１９３０（昭和５）年から９６００形で44両の満載の石炭車を牽いた２０００トン牽引を開始した。１９３６（昭和11）年にはより強力なＤ50形を使用し２４００トン牽引に引き上げ、さらに１９４３（昭和18）年からはＤ51形に切り替えて２８００トン牽引を実施した。

北九州地方でも筑豊本線や鹿児島本線の一

部区間ではD50形、D51形、D61形で1450～1600トンの石炭列車を営業運転していたが、このように蒸気機関車でも長大な石炭列車を牽引できた理由は、蒸気機関は回転数こそ上がらないが低速トルクは想像以上に強く、4動輪の貨物用機関車にすると牽引力はとても強くなるからである。

高速専用列車も運行された鮮魚列車

1927（昭和2）年には下関～京都間に鮮魚専用の特急貨物列車の運転が開始され、1934（昭和9）年には下関～汐留間を48時間40分で結んだ。ただし、当時の貨車は現代の冷蔵トラックのような機能は持たず、断熱構造の貨車の中で鮮魚を氷で冷やすだけであった。そして、市場の相場に応じて列車の走行中に冷蔵車の着駅を変更する「着駅変更」や、市場駅に到着した後、相場が上がるまで側線に冷蔵車を留置したまま魚を保管しておく「着駅留置」といった柔軟な方法も採られていた。

第二次世界大戦中は、輸送事情の逼迫により冷蔵車はほとんど有蓋車代用として使用され、鮮魚輸送はほぼ停止された。また戦後は、多くの冷蔵車が進駐軍に接収されて食料輸送に使用されたため、冷蔵車の不足を補うべく、冬季には有蓋車による鮮魚輸送も行われたようだ。

その後、徐々に冷蔵車の新造が進められて鮮魚輸送が再開されると、1960年代半ばより、地方の漁港で水揚げされた鮮魚を首都圏や近畿圏などの大都市圏に輸送するため、下関や博多などを拠点として冷蔵貨車が集められ、専用列車が運行されるようになった。

そして、トラックに対抗するため、高速走行可能なレサ10000系などの専用貨車が開発され、最高時速100キロで走る特急貨物列車「とびうお」（下関～東京市場間）や「ぎんりん」（博多港～大阪市場間）、最高時速85キロの急行貨物列車「東鱗（とうりん）1号」（八戸～東京市場間）などの鮮魚列車が設定された。なお、1969（昭和44）年7月に「とうりん2号」に同乗したルポが週刊誌『サンデー毎日』に掲載されており、実に臨場感があるので、ちょっと長くなるが要点を転載する。

『同乗ルポ・それでも貨物列車は行く：三陸・宮古港―大阪市場1200キロの旅』

山田線貨物駅から、関西方面にサカナを送り届ける、689普通貨物列車の出発である。

（中略）

発時刻10時10分。『シゴハチ』…C58形蒸気機関車が、東北本線盛岡駅までこの日引連れてゆく貨車は全部で6両。どの貨車の積荷も、宮古港に水揚げされた北洋マスである。

だから、全部の貨車の横腹に、冷蔵庫を示す『レ』の字が記されてある。『レテ』『レム』など。（中略）上盛岡駅で、宮城県塩釜ふ頭や北海道・旭川へ行く『タム』『ワム』など、数両を増結し、盛岡駅の貨物線にはいったのは、宮古港駅を出発してから三時間半後の13時32分であった。（中略）

盛岡駅に着いた宮古港駅発のサカナ貨車六両は、ここで青森操車場発大阪市場駅行の地域間急行『とうりん２号』４１５０列車に連結されて、東北本線を南下する。（中略）『とうりん２号』の編成は二十八両。盛岡駅で連結された宮古港発の冷蔵貨車六両のほかは、ほとんどが、北海道、青森仕立ての貨車である。函館発で四国の高松へゆくコンブ。青森から姫路へ送られるスルメ。江差から阿波池田行は木材。同じく北海道の根室からは、西明石行のマッチの軸木…。積荷も行き先も色とりどり。機関車も、蒸気から電気機関車ＥＤ75に変わった。（中略）

そんな期待を背負って『とうりん２号』は時速七十五キロで東北の山野を突っ走る。車掌車の堅いベンチの上でしりが躍る。北上駅で三両連結。一関駅でも三両、いずれも、三陸の各港からローカル線で本線まで運ばれ、「とうりん２号」を待っていたサカナ貨車だが、各駅での連結時間は二十分足らず。「停車駅が少ないこと、ヤード（操車場）での組成（連結、組みかえ）の時間が短いことが〝地急〟の特色なんですよ」と緩急車掌車「ワムフ」に同乗した、本社運輸課の府川正勝さん（四三）が強調する。最後尾の車掌車の中で、車掌の佐藤久吾さん（四三）＝一関車掌区＝と話した。「通過駅の監視、操車場での貨車解放・組成の点検、事故の際の緊急処置が、貨車車掌の仕事です。最前部の運転士とは、いちいち駆足連絡です。せめて、トランシーバーぐらいあったらと思います」（中略）

ところで〝競合脱線〟の〝主役〟は車輪と台車が固定した二軸貨車。全国で十四万両の貨車のうち、この形式のものが、十一万両を占める。現に、いま大阪市場駅へ向けて走っている「とうりん2号」の三十七両も、ほとんどが二

1968年頃の冷蔵車への鮮魚の積み込み作業の様子

軸車だった。そう思うと、乗りづめの貨車の激しい揺れが、気にかかる。上下、左右とたえ間なく車体はふるえる。（中略）米原通過15時28分。（中略）米原を出て梅小路（京都貨物駅）に小休止。（中略）19時23分。快晴の宮古港駅を出発して三十三時間、千二百キロの旅を終えて「とうりん2号」は大阪市場駅にすべり込む。宮古港であがった青マスは、あす夕方には、大阪の町の魚屋の店頭に並ぶはずである。

（『サンデー毎日』1969年7月20日号より抜粋）

しかし、高速道路網が拡充するにつれて鮮魚輸送にトラックが進出してくると、1960年代後半から国鉄の鮮魚輸送はしだいに衰退していく。国鉄では特急貨物列車のコンテナ化を進め、各種専用貨車が廃止されていったが、冷蔵車もその例外ではなく、鮮魚専用の貨物列車は1986（昭和61）年までに運行を終了。JR貨物には冷蔵車は1両も承継されず、以降の鮮魚輸送は、私有冷蔵コンテナを使用して高速貨物列車等に積載するスタイルで行われている。

民鉄の貨物輸送

日本の鉄道貨物輸送は、戦後復興期から高度経済成長期にかけて拡大した後、トラック輸送の伸長に押されて、1970（昭和45）年をピークに減少傾向が続き、民営鉄道もほとんどが貨物輸送から撤退した。現在では、いくつかの地方民鉄が辛うじて貨物運行を継続しているのみとなっている。しかし、民鉄における貨物輸送の歴史は旧く、量的にも無視できない。明治中期には早くも足尾銅山の専用鉄道で始まっており、貨物輸送は多くの民鉄にも広がった。幹線国有化前の日本鉄道、山陽鉄道、関西鉄道などの五大私鉄でも、

青梅線の石灰石輸送列車。1998年頃まで運行されていた

官鉄同様に貨物列車の運行は多かったが、それ以外の民鉄で貨物列車に注目すべき鉄道をあげてみたい。

ＪＲ東日本の青梅線の前身である青梅鉄道は、１８９４（明治27）年に立川～青梅間を開業して以降、奥多摩に向けて延伸していく中、沿線で採掘される石灰石を鉄道とはしけで深川の浅野セメント工場に運んでいた。さらに、同鉄道とつながって石灰石の産地に通じる五日市鉄道、立川から東京湾岸の浜川崎に通じる南武鉄道は、石灰石輸送を軸に浅野財閥が所有していた。中央線の青梅線直通列車が立川を出て青梅線に向かう短絡線は、この貨物輸送の名残である。

また、大手民鉄の東武鉄道は当初、絹織物産地であった両毛地方と東京を結ぶことを目的として設立された。１８９９（明治32）年にまず北千住～久喜間を開通させて以来、延伸して伊勢崎や足利に達した。佐野鉄道を買収して佐野～館林間を開通させると、葛生で産出する石灰石を東京に運ぶ貨物輸送も会社の大きな柱となり、１９６５（昭和40）年まで貨物輸送量では全民鉄の中のトップを占めていた。関東の一都四県に跨って最盛期には総延長５９１・６㎞を有した民鉄であり、蒸気列車で開業した路線も多いだけに、蒸機の牽く貨物列車は多数運行されていて、全路線が電化され、そして戦後になっても、蒸機牽引の貨物列車が伊勢崎線や東上線などの主要線区で電車列車の間を縫って運行されていたのを懐かしく想い出す。１９６６（昭和41）年には電気機関車の牽引に替わったが、貨物輸送は近年まで続いていた。

関西では南海鉄道（現在の南海電気鉄道）の貨物輸送が盛んだった。沿線は近郊農業地帯であり、堺、大津、岸和田などの紡績・織物業に支えられていたことから貨物輸送は重要で、１９２０年代までは私鉄の貨物輸送量では東武鉄道に次ぐ第二位を占めていたが、こちらも１９８４（昭和59）年に貨物営業を終了した。

西武鉄道系も貨物輸送では見逃せない。１９１５（大正４）年に武蔵野鉄道が現在の池袋線の池袋～飯能間を開業させると、沿線の農産物、飯能に集散する木材などを主体に輸送していたが、１９２９（昭和４）年に吾野まで延伸されると東京への石灰石の搬出が加わった。合併した多摩鉄道（現在の多摩川線）は多摩川河畔からの砂利搬出、さらに合併した西武鉄道（現在の新宿線）も含めて貨物輸送量は延び、１９６９（昭和44）年に吾野～秩父間が開通すると、三菱鉱業セメント工場に関わる輸送が増え、一時は私鉄最大の電気機関車も活躍していた。しかし、トラック輸送への全面切り替えに伴い、西武鉄道の貨物輸送も１９９６（平成８）年をもって終了した。

秩父鉄道の貨物列車

また、現在も貨物輸送を続けている秩父鉄道は、秩父市南方にある武甲山が石灰石の一大鉱床であることから、当初から産出する石灰石を東京の浅野セメントに向けて運んでいたが、1923（大正12）年に設立された秩父セメントが地場でもセメント工場の稼働を開始。それ以来、同鉄道は石灰石とセメント関連の輸送に傾注しており、秩父セメント（現在は太平洋セメント）は同鉄道の筆頭株主である。1965（昭和40）年以降、秩父鉄道は私鉄の貨物輸送量でトップまたは二位となっており、現在も電気機関車の牽くホッパ車が見られる。

そのほか中小私鉄の貨物輸送は、銅鉱山のある小坂鉄道、木材搬出の大井川鐵道、製紙関連の岳南鉄道などでも行われていたが全て役目を終えた。現在も残るのは、秩父鉄道のほかは、岩手開発鉄道、西濃鉄道、三岐鉄道などで、これらは主に石灰石やセメントを輸送している。

国鉄と連携して貨物輸送を行う臨海鉄道

こうした一般の私鉄とは別に「臨海鉄道」という鉄道がある。国鉄と連携して貨物輸送を行うため、主に臨海部に路線を有する第三セクター鉄道である。設立の背景としては、１９６０年代から始まる高度経済成長時代に主要港湾部で工業地帯が開発・整備され、鉄道による貨物輸送需要が高まったことにある。本来なら国鉄が直接建設投資すべきであるが、資金調達にも鉄道建設審議会の手続などが必要で迅速な対応ができない。そこで、１９６２（昭和37）年に日本国有鉄道法を改正し、政令などと組み合わせて「大規模な臨海工業地帯における輸送を行う地方鉄道」として、国鉄および地方自治体と企業などが協同出資する第三セクターの臨海鉄道が誕生したのだ。出資比率は国鉄が筆頭株主であり、JR貨物にも引き継がれて、貨物輸送も国鉄そしてJR貨物と連携して行われている。

臨海鉄道各社はディーゼル機関車を数両～十数両保有しているが、JR貨物の輸送の一

表3-3　臨海鉄道一覧

臨海鉄道名	開通年月	廃止年月
京葉臨海鉄道	1962年11月	
神奈川臨海鉄道	1963年 6月	
名古屋臨海鉄道	1965年 1月	
福島臨海鉄道	1966年10月	
苫小牧港開発	1968年 6月	2001年
鹿島臨海鉄道	1969年 4月	
新潟臨海鉄道	1969年 9月	2002年
水島臨海鉄道	1970年 2月	
秋田臨海鉄道	1970年 4月	2021年
八戸臨海鉄道	1970年 7月	
仙台臨港鉄道	1970年11月	
衣浦臨海鉄道	1971年 4月	
釧路開発埠頭	1975年10月	1999年

端を担っていることから、貨車はＪＲ貨物の車両がほとんどそのまま乗り入れている。各臨海鉄道の列車も、自社線内で完結するものは少なく、ほとんどの列車はＪＲ貨物との直通運転である。なお、大半の会社が東海以東にあって、西日本にあるのは水島臨海鉄道のみとなってい

鹿島臨海鉄道開業式の様子（1970年）

る。また、鹿島臨海鉄道や水島臨海鉄道のように旅客輸送を行う臨海鉄道もあるので、興味のある方は乗車してみるのもお勧めだ。

弾丸列車でも新幹線でも実現しなかった貨物列車

旅客鉄道にとっても貨物鉄道にとっても、高規格の高速新線計画、日本では新幹線計画と呼ばれるものは大きな夢を与えてくれるが、新幹線における貨物列車として結局実現しなかった幻の計画が二つある。

一つは戦前に計画された「弾丸列車」の貨物列車である。1930年代の経済発展は、東京〜大阪〜下関と結ぶ東海道・山陽線の旅客・貨物の需要を高めていたが、1937（昭和12）年の日中戦争勃発以降はこれがいっそう高まり、在来線は飽和状態に達していたことから計画されたものである。論議は1938（昭和13）年から始まり、鉄道省内外のいくつかの委員会組織の審議を経て「東京〜下関間に広軌の新幹線を敷設する」ことが1940（昭和15）年1月に鉄道省内で決定し、同年7月の第75回帝国議会で正式に承認された。そして9月には最も時間を要すると見込まれた新丹那、日本坂、新東山トンネルの用地買収と工事が開始されたが、戦雲の垂れ込めてきた1943（昭和18）年に中止の止むなきに至った。

弾丸列車の線路規格は1435ミリの広軌、カーブの最小半径は2500メートル以上、最急上り勾配は10パーミル、レールは60キロ。鉄道省の技術陣は、これからの高速鉄道は電気列車しかあり得ないと考えていたが、軍部から「艦砲射撃や空襲に対して強い蒸気列車もできるだけ使うように」と国防上の理屈を付けられた。いろいろ駆け引きはあったが、東京〜静岡間は電気列車、静岡〜名古屋間は蒸気列車、名古屋〜姫路間が電気列車、姫路〜下関間が蒸気列車と、細切れの機関車付け替え運転になってしまい、結局「東京〜下関間9時間運転」ということになった。

この計画の中の貨物列車は700トン牽引の急行貨物列車と1200トン牽引の普通貨物列車の二本立てとし、最高時速はいずれも150キロで、急行貨物列車は東京〜大阪間5時間40分、大阪〜下関間6時間とした。貨物用電気機関車として予定されたのはHEF10形で、直流3000V、1C+C1、全長22メートル、重量190トン、出力5500kw、動輪直径は1850ミリと日本のどの在来線用機関車の動輪よりも大きかった。また貨物用蒸気機関車はHD60形で、2-D-2テンダ形式、全長27メートル、重量172トン、動輪直径1750ミリとされた。貨車は大陸の鉄道への乗り入れと高速運転を考慮して全て有蓋ボギー貨車とし、全長13メートル、自重22トン、荷重30トン、容積は75立方メートル。貨物専用駅は東京、名古屋、大阪、下関の4駅、小口貨物取扱駅は横浜、沼津、静岡、浜松、京都、神戸、姫路、岡山、広島の9駅で、在来線の新鶴見、浜松、稲沢、吹田、岡山、広島、幡生の7操車場とは狭軌線で接続できる予定であった。

そして二つ目は、東海道新幹線における貨物列車計画である。新幹線計画全体の流れは周知のことなので簡単に紹介すると、国鉄内では1950年代の後半からこの構想が芽生え、1957（昭和32）年5月に鉄道技術研究所主催で開催された講演会「超特急列車、東京−大阪間3時間への可能性」が格好のアドバルーンとなった。政策的・経済的論議と詰めも翌年から着々と進められ、国会でも承認された。ただ、1000億円を超す多額な予算の調達は国内だけでは難しく、低金利の世界銀行からの借款が導入された。

（「世界銀行の借款を得るための秘話」磯崎叡：『あの日も列車は定時あった』：日本経済新聞社：1991年）

世界銀行の借款を得るための舞台裏の事情を当時、常務理事であった磯崎叡はつぎのように述べている。「当初意気込んで「世界一の鉄道」を作ると申し込んだが、世銀は発展途上国向けなので世界一の鉄道では金は貸さないという。そこで「老朽施設の再建」と言いかえ、また当時の鉄道斜陽論から考えて旅客輸送のために路線を作るというのでは承認は得られそうもないので貨物輸送をするのだと説明した」

貨物輸送に関する計画の骨子は次のようなもので、あくまで旅客列車が主、貨物列車が従という運行形態であった。

◆積荷形態は大型コンテナとする。
◆東京～大阪間の所要時間は5時間30分とする。
◆旅客列車の運転と競合しないように運転は全て22時～5時の夜間とする。
◆線路の保守時間を確保するため必要に応じ週に1回運休する。
◆貨物駅は東京、静岡、名古屋、大阪の4駅にする。

そして、新幹線貨物列車を電車方式か電気機関車牽引方式にするかの比較検討の結果、最終的に電車案に絞られ、1両に5トンコンテナを5個積載し、1列車は最大30両編成とする基本方針が決まった。加速性能、減速性能、折り返し運転の効率、そして軸重の軽減・平均化には電車方式の方が優れており、列車の運行頻度が高く、地盤が弱くて軸重制限の厳しいわが国には電車方式がうってつけであることは、その後の歴史が証明してくれている。それにしても、当時の東海道新幹線は12両編成で列車全長が300メートル、現在でも16両編成の400メートルであることを考えれば、新幹線貨物列車の全長はとても長かったといえる。

新幹線貨物電車のイメージ図

以上の構想に基づき、貨物列車のダイヤ、車両の設計、要員の配置、コンテナの集配方法など綿密な計画が進められ、貨物用駅用地の買収も現実に行われた。築堤などの構造物は貨物車両の走行を考慮した強度で設計され、また開業後の施工の困難さを踏まえて貨物線が東海道新幹線の高架を乗り越える部分の立体交差は先行して建設された。それらは撤去されたものの、一部は用途を変えて残っているものもある。

結局、東海道新幹線の旅客列車本数が増加して線路容量に余裕がなくなり、また鉄道貨物輸送の凋落も影響したのか、東海

東海道新幹線鳥飼車両基地の隣に建設された大阪貨物ターミナル駅

道貨物新幹線計画は立ち消えになってしまった。資金の制約、夜間の線路保守の問題、予想以上の旅客輸送の増加……など、いろいろといわれるが、「世銀借款を得るための便法」に利用されてしまった感も強い。

ただし、この新幹線計画で確保した貨物駅用地はその後、東京貨物ターミナル駅や大阪貨物ターミナル駅などとして有効利用され、東海道・山陽線の貨物拠点として現在重要な役割を果たしている。また、世界初の特急コンテナ電車「スーパーレールカーゴ」の実現にも、そのベースとして新幹線貨物電車の仕様などが役立っていることだろう。その造形は40年の時を超えてとても似ているのである。

第4章

貨物駅と操車場の変遷

貨物駅の拡張と操車場の設置

鉄道発祥の地、イギリス・ロンドンの終着駅では最初、旅客駅と貨物駅が隣接していたケースが多かったが、輸送量の増加によって状況が大きく変わってきた。旅客輸送の増大には、従来の場所でもホームや駅舎を拡大すれば何とか対処できたが、貨物駅には広大な土地が必要となってくるし、貨物列車や貨車の組み換えを行う操車場(ヤード)も必要となってきた。そのため、かなりの貨物駅が土地のコストが安く、また水運ともつながるロンドン東部のドック地区に移転していったのである。

日本でも基本的状況は同じであった。開業当初の新橋駅は旅客駅と貨物駅を兼ねていたが、貨物列車の終着駅としてはすぐに手狭となり、隣接する土地が広大な汐留駅に移った。

1883(明治16)年に開業した上野駅は、1885(明治18)年に大宮〜宇都宮間が開通するとやはり手狭となり、1890(明治23)年に上野駅の南方に地上の貨物線を開通させ、新たに設置された秋葉原貨物駅へ貨物取扱を移転した。さらに1896(明治29)年開業の隅田川駅にも分散移転し、上野駅は旅客専用駅となった。

貨物駅における集配は荷車、馬、人力に頼っていたが、これでは十分に対応できず、水路を利用した集配が不可欠であった。幸い東京や大阪には江戸時代から水路が町中に造られていたので、鉄道貨物駅はこれら水路と接続させて設けられた。先ほどの秋葉原も隅田川も同様である。

大阪駅の立地も新橋駅にかなり類似している。工部省・鉄道寮は当初、江戸時代以来の市街地である堂島のうち、一帯の蔵屋敷跡地を利用しての建設を計画していたが、最終的に設置場所は市街地を外れた曽根崎村の梅田に変更となった。堂島から梅田に候補地が変更されたのは、将来東へ線路が延伸された際に神戸〜大阪〜京都間の直通運転を考えるとルート的にその方が便利で、用地買収コストも安かった結果である。当時としては、梅田は広い敷地だったので、旅客駅と貨物駅の両方が設けられ、貨物輸送のための水運との接続を図るため中之島掘割が開削された。しかし大正時代になると、駅には各種機能を持つ設備がさまざまにあるため、これ以上の拡張が困難になってきた。このため大阪駅は改良されることとなり、旅客駅として大阪駅は高架化され、貨物駅はその北側に梅田駅として移転することになった。

また名古屋駅は、１８８６（明治19）年に名護屋駅として笹島地区の湿地帯に盛土のうえ建設された。最初は「笹島ステンション」と呼ばれていた同駅は、１８９１（明治24）年の濃尾地震で駅舎が倒壊、翌年建て直された。１９３７（昭和12）年には高架工事が完

大正9年頃の隅田川駅構内。舟運との連絡が図られている
（鉄道博物館所蔵）

1957年頃
の梅田駅と
大阪駅

成し、北へ200メートルほど移転して新駅舎となるとともに、貨物取扱施設が分離され笹島駅が開業した。なお、1925（大正14）年の稲沢操車場開業に伴い、名古屋駅での貨車組み換え作業を廃止している。笹島駅は、名古屋駅と近接する東海道本線・関西本線・中川運河に挟まれた立地で、長らく名古屋を代表する貨物駅となった。また、京都駅も最初からかなり広い敷地を確保できたので、旅客駅と貨物駅を兼ねていたが、1913（大正2）年に京都駅の貨物の取り扱い業務を移す形で、隣接地に梅小路貨物駅ができた。

ここまで日本の有力な貨物駅である汐留駅、梅田駅、笹島駅、梅小路駅を見てきたが、国際的に比較すると興味深い。というのはロンドンやパリの終着駅は元来、街の真っ只中に建設したかったが、すでに石造りの市街地ができあがっていたので、都心ではなく、その周辺の市街地に設置された。最初は旅客駅も貨物駅も一緒であったが、やはり貨物の積み降ろしや仕分けには手狭となって貨物駅は旅客駅から分離され、さらに離れた場所に移転された。それに比べると、ロンドンやパリと同じく終着駅である東京の汐留も大阪の梅田も名古屋の笹島も都心からそれほど遠くはなかったものの、まだアシの茂る湿地帯のような場所だったので、旅客駅と貨物駅をあわせて建設することが可能で、後により大きな敷地が必要になった貨物駅を分離する際も同じエリアに収まったのである。

1959年頃の笹島駅

1958年頃の汐留駅

さて、旅客列車は終着駅に着いても清掃さえすれば、翌日そのまま発車させることができるが、貨物列車の場合は貨物の積み降ろし、貨車の切り離しや連結などの仕分けをしなければ発車できない。貨物量が増大し列車本数も増えると、これらの作業を終着の貨物駅だけではとても賄い切れない。そのため終着となる貨物駅の近辺には大規模な操車場が必要になってきた。鉄道院は1915（大正4）年に全国的調査を行い、鉄道施設の改良計画をまとめた。新線建設、幹線の複線化、電化、駅の改良など全てを網羅するものであったが、貨物輸送に関しては貨物駅の新設・改良、貨物操車場の新設が目玉であった。それに従って、梅小路、田端、品川、広島、吹田、長町、岡山、稲沢、岩見沢、青森、鳥栖、大宮、幡生と操車場の開設が相次いだ。そして、田端操車場と秋葉原駅との連絡線や吹田操車場と梅田駅の連絡線などの工事が行われ、1928（昭和3）年に完成した。

これによって「貨車集結輸送」（ヤード系輸送）が実現されたが、それは大変な手間と時間とコストを要するもので、**図4-1**を見てもらうと全体感が掴めるであろう。まず汐留〜梅田間の急行貨物列車だが、直行すれば8時間で到達できるのに、途中の新鶴見操車場と吹田操車場で複雑・大規模な列車編成の組み換えが行われるので、結局28時間かかってしまうという比較図絵である。

図4-1　直行列車と操車場経由列車の所要時間の比較

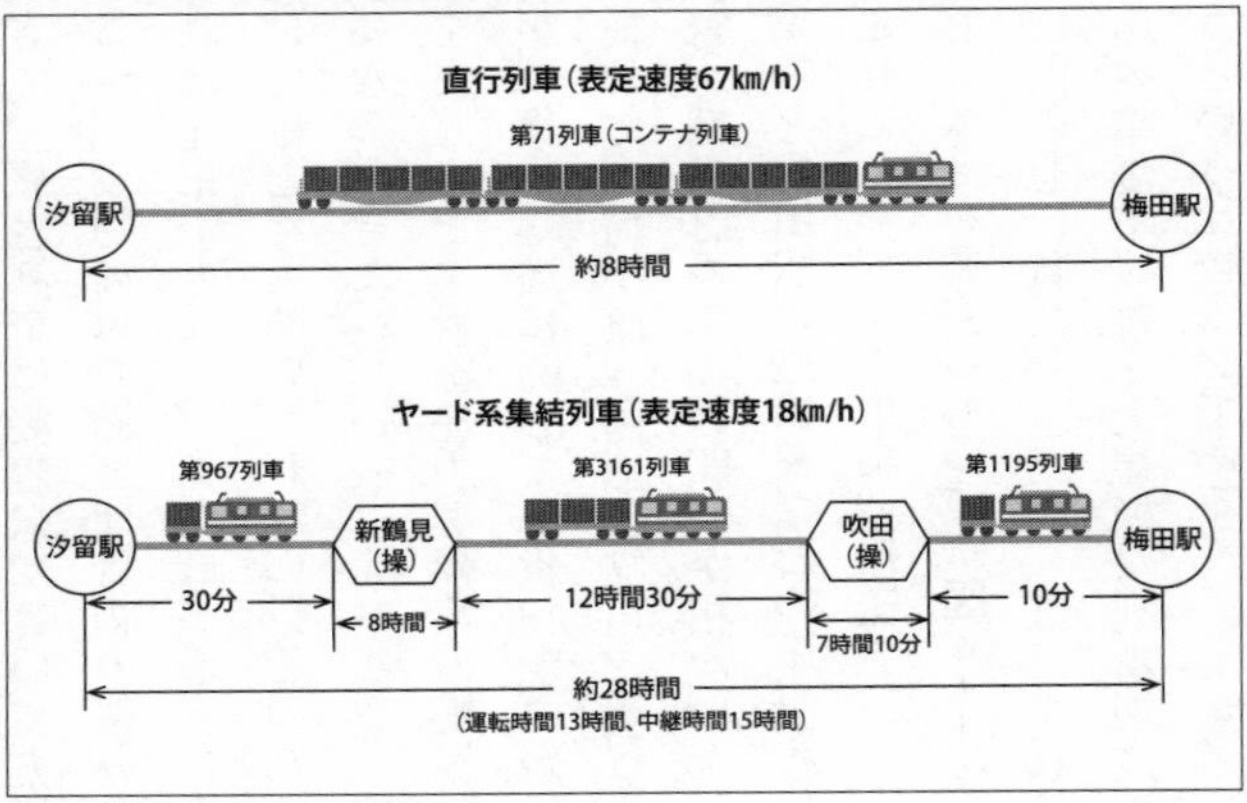

図4-2　停車駅が多い急行貨物列車の例

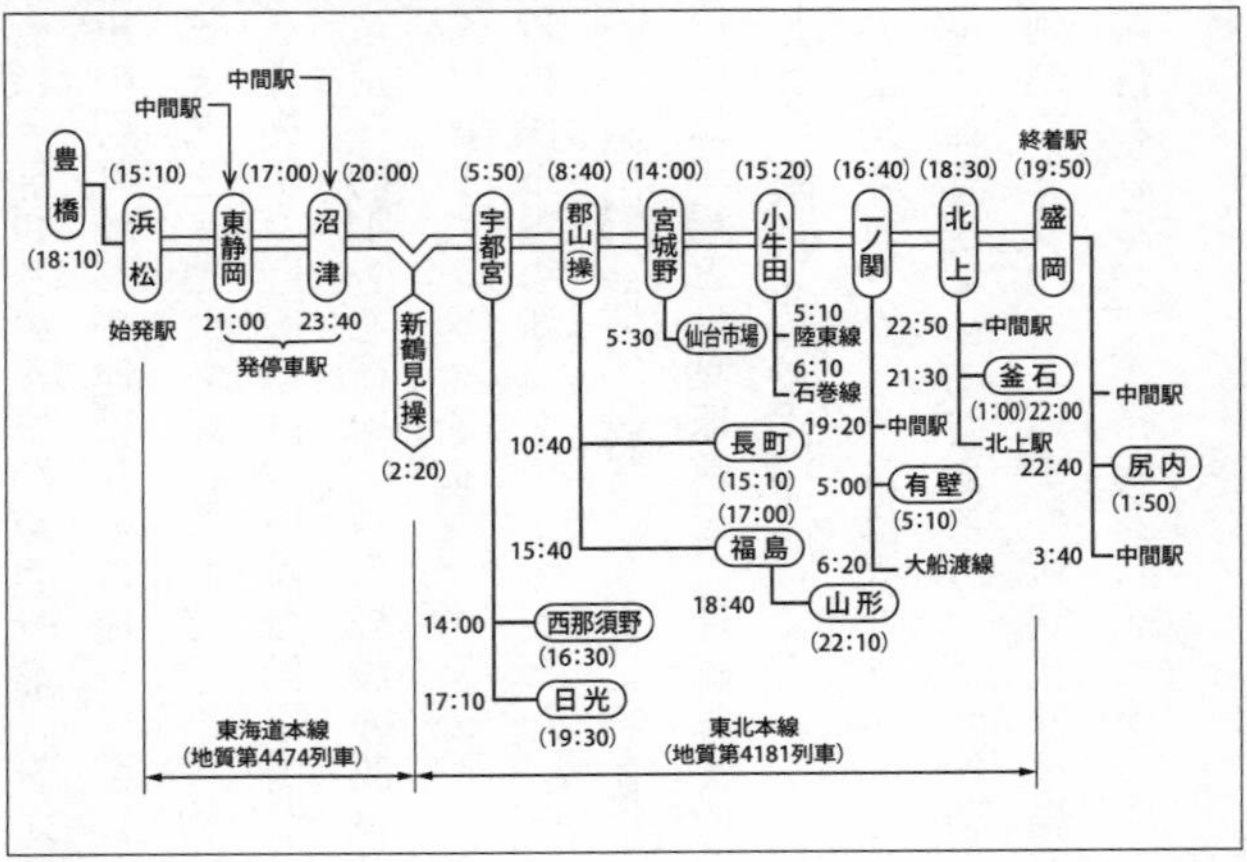

雑多な貨車をつないだ貨車集結タイプの貨物列車

図4-2は東海道本線と東北本線とに跨り、豊橋から盛岡に至るやや停車駅が多い急行貨物列車の例である。この列車では、東北線内の停車駅から支線への複雑な分岐があって、始発駅の豊橋を出発してから最終目的地である日光、福島、山形、釜石、尻内などへの到着までに膨大な時間がかかってしまう。それでもこの二つの列車は停車駅を極力減らしているからまだよいが、戦前や戦後間もない頃にはさらに各駅停車的な貨車集結タイプの貨物列車が多かったので、作業の煩雑さや所要時間は押して知るべしである。

操車のメカニズム

現在は基本的に貨物列車のほとんど全てが

直行列車となったので、始発駅や終着駅だけでなく、途中駅でも貨車の組み換えの必要はほぼなくなってしまった。しかし、「操車」という貨物列車の持つ本来の煩雑さとそれに対応してきた鉄道貨物マンの苦労といった歴史を振り返る意味もあり、複雑な貨物列車の操車のメカニズムを簡略化して、いくつかの大事な要素・側面に分けて述べてみたい。

(1)貨物列車は満車も空車も連結した

貨物列車に積んでもらいたい貨物を「在貨」といい、それに応じて貨車を与えることを「貨車配給」という専門用語が使われていた。簡単にいえば貨物を運んでもらいたい需要と供給があるということである。貨物列車に連結されている貨車は全て貨物が満載されていると思っている方もいるかもしれないが、貨物列車が運行される場合、途中駅でも終着駅でも「在貨」があるので「貨車配給」が欲しいというケースも多い。また当然ながら、貨物が欲しいから貨車に積んで運んできて欲しいというニーズが根本にある。したがって、貨物列車が始発駅を出発する時は先々での満車需要と空車需要とを睨んで列車全体の編成を考えるのである。だから、どの貨物列車にも満車の貨車と空車の貨車の両方が連結されているのが常態なのである（図4-3）。

図4-3　貨物列車における貨車の連結例

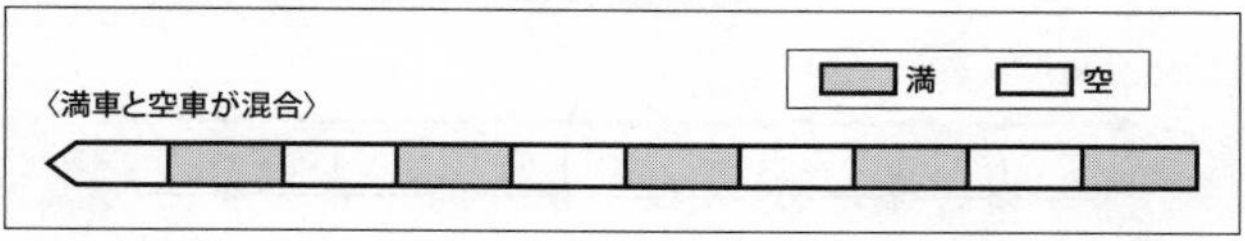

(2)近距離行き貨車は前方に、遠距離行き貨車は後方に連結する

このように満車も空車も連結した貨物列車は、出発してから近い駅で分離する貨車は列車の前方に、遠い駅で分離する貨車は後方に連結する。列車全体で途中駅での貨車の分離を考えるとこれが合理的なのである。

(3)貨物駅は旅客駅と同じだけあった

現在でこそ、貨物駅数は旅客駅数に比べて断然少ないが、昔は多くの旅客駅でも貨物を扱っていた。すなわち、かなり多くの駅で貨物の積込みと積み降ろしを行っていたのである。もちろん、貨物駅も旅客駅と同様に、一般の小駅が数多くあり、中都市の主要駅がかなりあり、限られた大都市の始発・終着駅があるといった分布になってくる。

(4)貨物列車は三種類

旅客列車が近距離区間列車、中距離急行列車、長距離特急列車と大別できるように、貨物列車でもおおよそそれに準じて近距離区間列車、中

図4-4　貨物列車における区間列車・直行列車・急行列車の運行比較

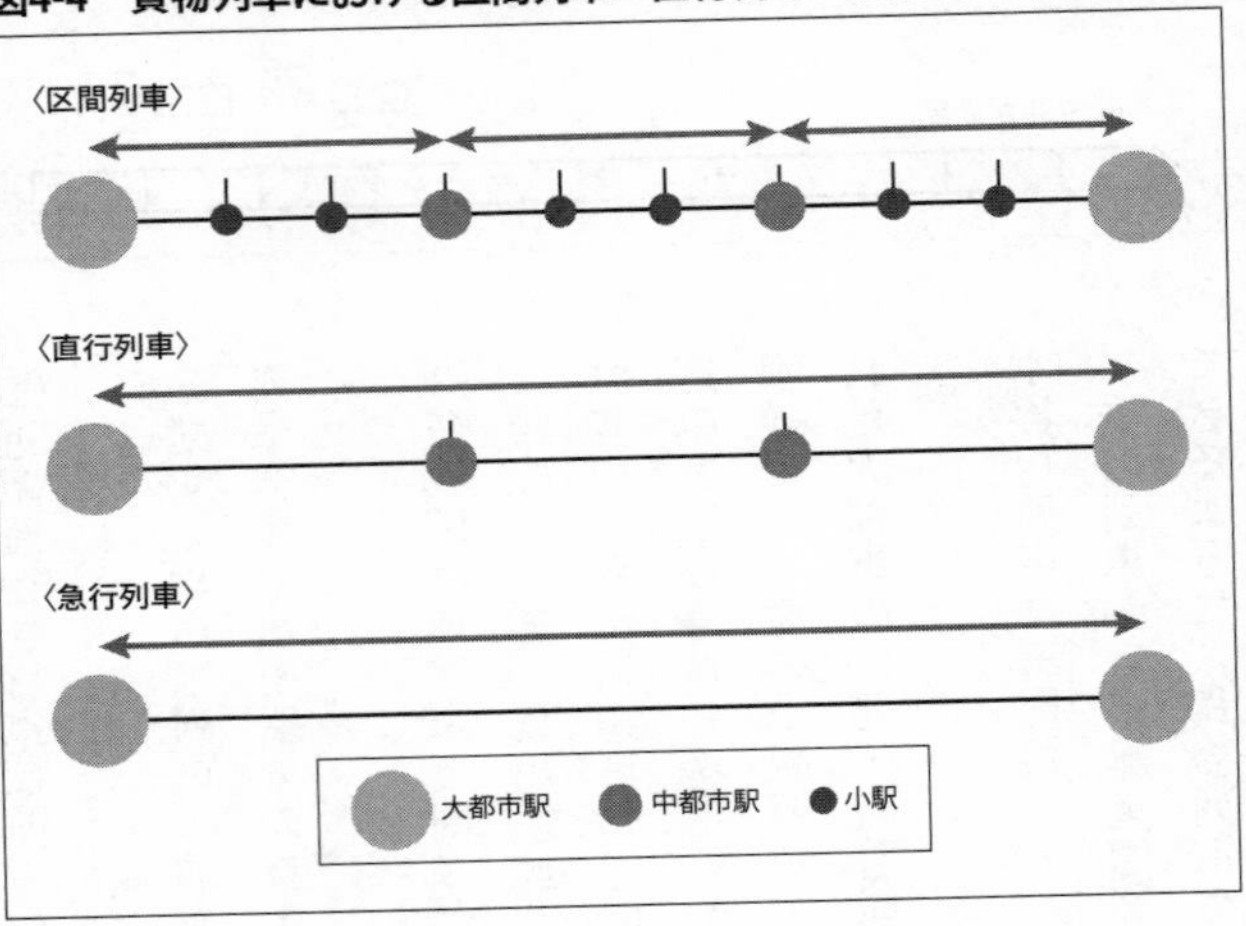

距離直行列車、長距離急行列車の三つに分けられる。近距離区間列車は大都市〜中都市間、ないしは中都市〜中都市間の区間を走り、途中にある小駅の各駅で停車していく。中距離直通列車は大都市〜大都市間を走り途中の小駅は通過するが、中都市の駅には停車していく。長距離急行列車は大都市の始点〜大都市の終点をほぼノンストップで走行すると考えるといいだろう。(3)および(4)を図示すれば**図4-4**のようになる。

(5)貨物駅での機能は「仕分け」と「積み降ろし」

以前は、多くの旅客駅は貨物駅を兼ねていた。ただし、貨物駅の機能は「仕分け」と「積み降ろし」なので、その作業を旅客

図4-5　小駅・主要駅・終着駅における貨車の仕分け方法の比較

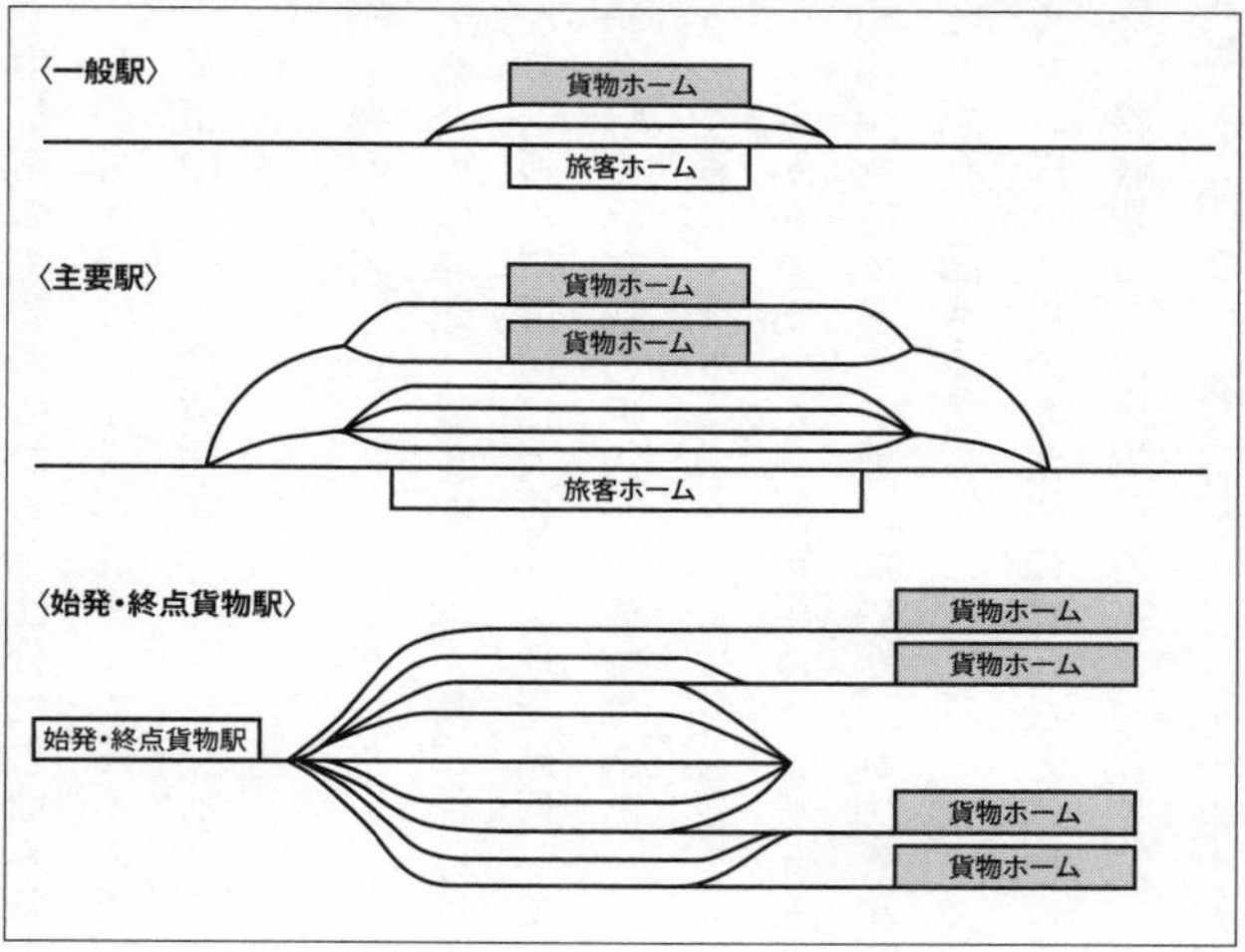

列車の走る線路や旅客ホームで行うのは難しく、側線と貨物ホームを設けて主にそこで作業を行うことになる。すなわち、仕分けスペースと積み降ろしスペースが不可欠となるのである。

仕分け作業も積み降ろし作業も内容は原則的にどこでも同じであるが、「一般駅」、「主要駅」、「始発・終着駅」に三大別すると、各々の貨物駅ごとにその規模と複雑さが異なってくる。

一般の小駅で、貨車の仕分け（分離・連結）は1日平均で1～2両程度である。分離した貨車にはその駅に向けた貨物が積載されているのでそれを降ろし、その駅で貨物を積まれた貨車を連結する。中都市の主要駅になると仕分けと積み降ろしの作業は一般の小駅より当然大規模になり、しかも仕分けの比重が高まってくるので、こういう駅を「組成駅」とも称する。それが大都市の始発・終着駅となるとこの作業がもっと大規模になる（図4-5）。

(6) 操車場の誕生

大都会の始発駅や終着駅では、特に仕分けの作業は駅の規模を大きくしても対応できなくなり、新たに近辺に大きく土地を確保して行うようになった。それが操車場で、大都会の始発駅や終着駅の近辺が主体ではあるが、大きな主要駅（組成駅）やいくつかの路線が集まって接続するような主要駅（組成駅）近辺でも操車場が必要となって、設置されるケースもかなりあった。操車場は大規模化していったので、その何十線、百線以上になった配線図を目で追う必要はないが、郡山操車場の配線概念図で視覚的にとらえていただければと思う（図4-6）。

操車の理解を深めるために戦前などに発行された書を読むと、一般小駅でも主要駅でも始発・終着駅でも操車場でも、操車動作用語として「切離・連結」、「分解・組成」、「組立」、「編成」、「集結」、「集合連結」、「入換」などが、また操車場などに存在する線名として「側線」「到着線」「出発線」「積卸線」「留置線」「仕分線」「引上線」などが出てきて混乱しやすい。そこで、ここでは操車動作は「仕分」と「積卸」だけに集約したいと思う。

ここまで貨物列車の種別や、通常の一般的小駅、途中主要駅、始発・終点駅、そして操

図4-6　操車場の概念図

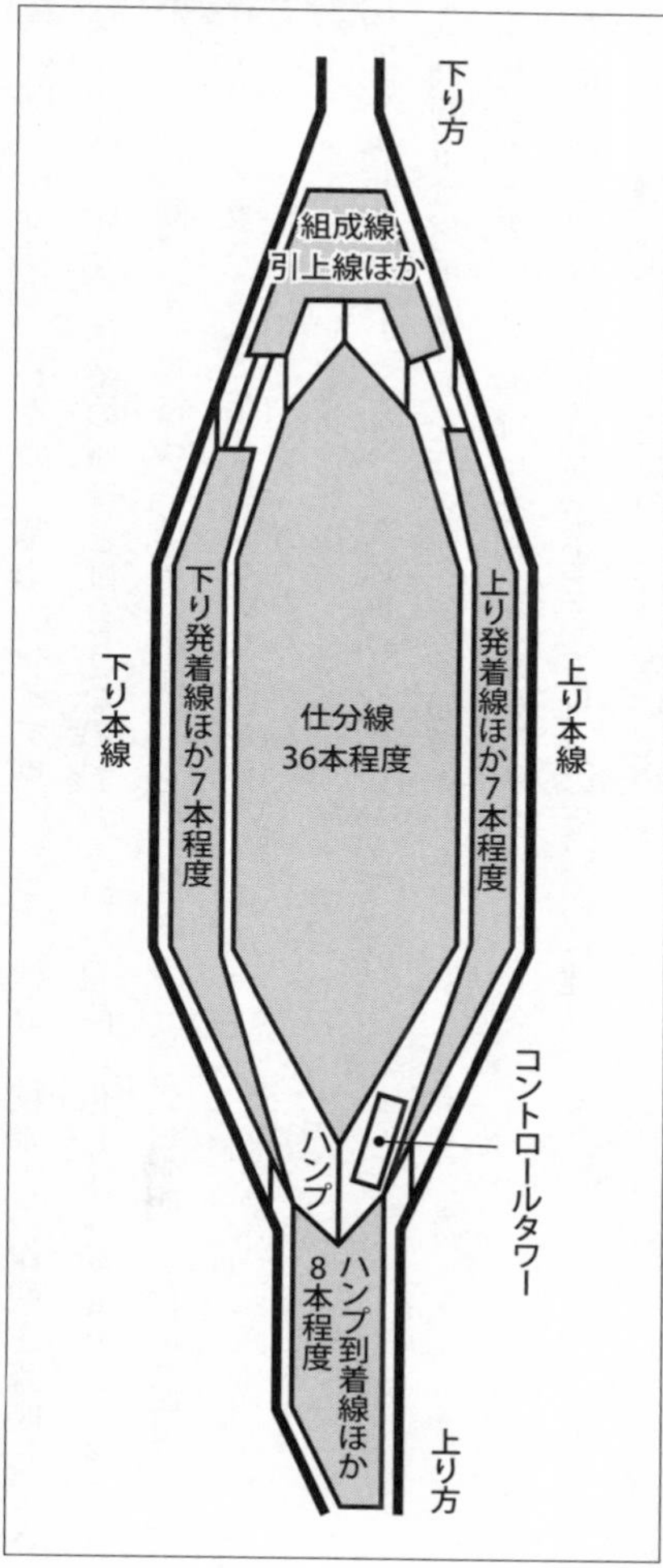

車場の四つに分けて、各々の「基本的レイアウト」と「仕分・積降」の作業を説明してきたが、次は「仕分」作業の原理とはどうなっているのかを簡略化して説明したい。それには本線の脇に側線を一本持つ「通常の小駅」を舞台に図示しながら説明したい（図4-7）。これが操車メカニズムの最小単位なのである。

機関車は貨車に対して基本的には四つの動作しかできない。

①機関車は貨車の片方を押すか、あるいは牽くか
②そして機関車はその貨車を別の線路に入線させる
③次に機関車は並行する線路を走って貨車の反対側に連結する
④そして機関車は貨車を反対方向に牽いていく

例として、機関車／B貨車／C貨車／A貨車／D貨車／E貨車という編成が本線に入っている。作業員はA貨車を編成の一番前に持ってきて機関車の次につなぎたいと思っている。その場合、機関車はA貨車／D貨車／E貨車を切り離して本線上に残しておく。機関車はB貨車／C貨車を本線上のポイントを過ぎる位置まで牽いてくる。そしてその編成を押し

図4-7　操車の基本メカニズム

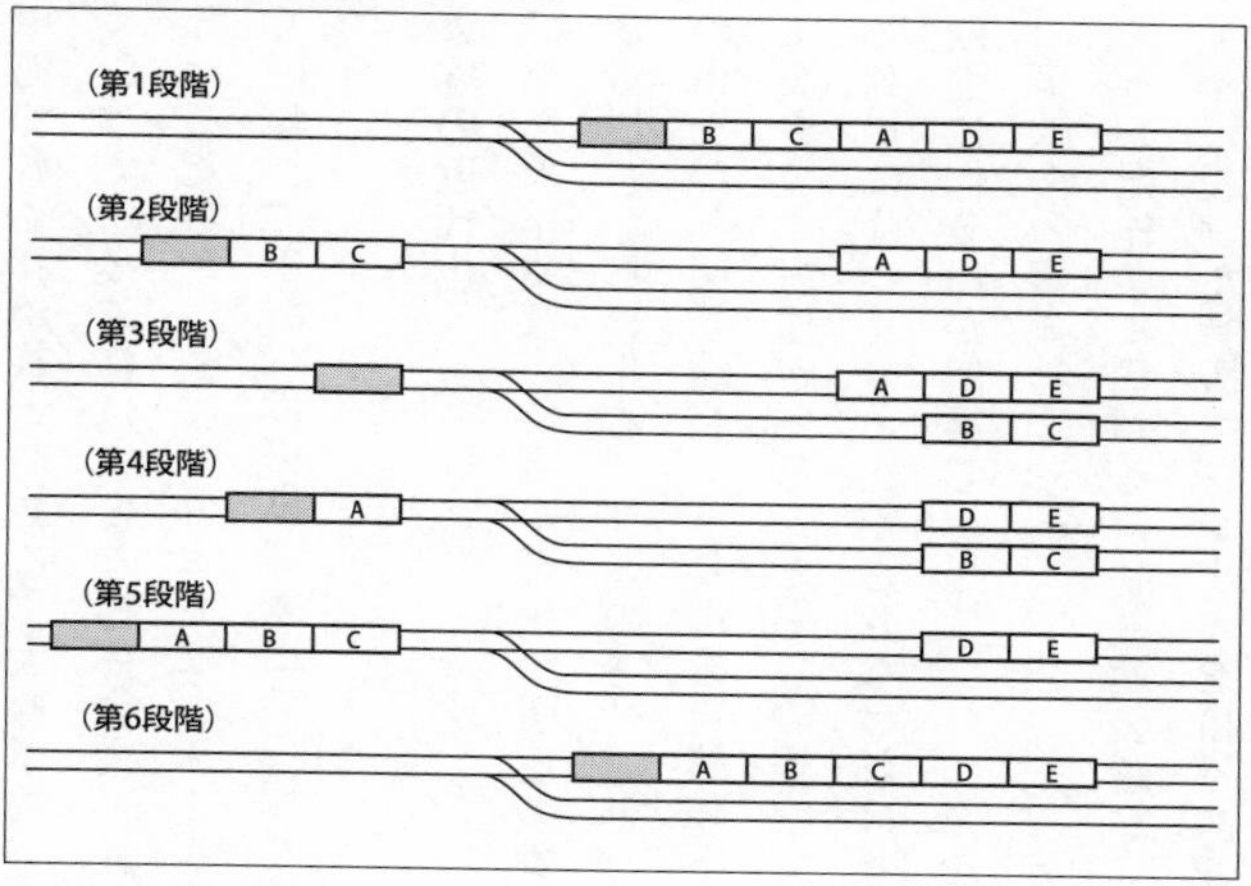

て側線に入る。そこでB貨車／C貨車を切り離して機関車は本線に戻る。次に機関車は本線上に残されていた編成からA貨車のみ牽いてくる。機関車はD貨車／E貨車を残して本線上のポイントを過ぎる位置まで進み、側線に入ってA貨車をB貨車／C貨車に連結して本線に引っ張り出す。そして本線上を後進して残された編成に連結すれば、遂に機関車／A貨車／B貨車／C貨車／D貨車／E貨車という編成ができ上がった。**図４-７**を見てもらうと理解しやすいだろう。

長々と説明したが、この一連の作業が全ての貨車操作の基本で、側線を多数持つ大きな組成駅でも、複雑で側線が数多くある操車場でもこれが基本である。大操車場ではこういう動作の順列組み合わせを逐次埋めていくわけで、そこには大変な指揮命令系統と現場の力仕事の集積があってのことと想像いただけるだろう。これが日本では１９２０年代から民営化寸前の国鉄時代末期まで60年以上も行われてきた「貨車集結輸送」時代の作業の核心なのである。

操車場の近代化

操車場の作業は、貨車１両ずつ所定の貨物列車に連結させるために貨車を加速して走行させることから始まる。加速のさせ方としては、人工的に造ったハンプと呼ばれる小さな丘の頂上から切り離して下り坂を自然降下させる方法と、平らな線路で機関車が貨車を押して突き放す方法がある。どちらの場合でも、走行し始めた貨車を適切に減速させ所定の貨物列車にゆっくりと連結させなければならない。そのため戦前も戦後しばらくも、貨車の側面に作業員が添乗し、足でブレーキを踏んで減速するといった危険な作業が伴い、多くの事故も報告されていた。

そうした作業に代わる自動減速装置が「カーリターダー」で、走行してくる貨車に対しレールに設けた装置でブレーキを掛け減速させるものである。カーリターダーは１９１８

吹田操車場での貨車仕分けの様子

手前の貨車に係員が乗りブレーキをかける（稲沢操車場）

（大正7）年にドイツで初めて登場し、1924（大正13）年からアメリカで使われ始めた。日本では1937（昭和12）年に2基が試験導入されたのが始まりであるが、本格的導入は戦後の1950年頃からで、新鶴見操車場に16基設置されたのを皮切りに各操車場に普及していった。

カーリターダーには各種の方式があり、最も普及している「ユニオン式」は、レールの内側と外側に設置された制動桁を空気圧または油圧によって貨車の車輪下部の内側と外側の側面に押し付けて制動する。一方「ダウティ式」は、レールに隣接した内側に設置された油圧ピンを貨車の車輪のフランジが踏み下げる時の抵抗で制動する仕組みである。そして1970（昭和45）年には、世界でも最新式の「リニアモーター式」が富山操車場に採用された。レールの内側に自走できるリニアモーター装置が設けられ、走行してくる貨車の下面に取り付いて減速させる方式である。日立製作所が開発した世界でも最新のカーリターダーであったが、設備投資が安くはなく、また日本では操車場が全廃されてしまったので、一部の試用で終わってしまっている。

1960年代以降、トラック輸送の隆盛で鉄道貨物輸送は減り始め、コンテナ列車が登場して、複雑な貨車の仕分けを要する車扱い列車が減少してくると、操車場の役割と存在

ハンプを下る貨車とカーリターダー（新鶴見操車場）

富山操車場に設置されたリニアモーター式カーリターダー

意義はだんだんと薄れ、操車場での作業は１９８４（昭和59）年にほぼ全廃された。その間、郡山、新南陽、北上、塩浜、高崎などの近代化された操車場が生まれ、アンカーとなった武蔵野操車場は１９７４（昭和49）年に造られた。

そこにはコンピューターを駆使した「ＹＡＣＳ」（Yard Automatic Control System）が設置された。これによって入場してくる列車の機関車および貨車の貨車番号をカメラによって読み取って記憶し、仕分け作業にそのまま使えた。その後、機関車が列車をハンプの頂上まで押し上げて１両ずつ分離・切り離しを行う際、入線する貨車に対するポイントの切り替えを自動的に行い、速度検出装置とカーリターダーを使って速度調整を行った。そして、これらのデータのインプットとアウトプットはコントロールセンターで集中的に行われるものだったが、この日本最新の武蔵野操車場は１９８４年で機能を停止したので、たった10年間の短命に終わってしまっている。

操車場の運営も管理部門と現場部門に分かれる。貨車集結の基本方針は「貨車列車組成ならびに貨車集結方」として本社レベル、支社レベル、鉄道管理局レベルと階層分け機能が規定されていたが、以前はペーパーワークで行われていた点は日本もアメリカも共通であった。その後、電子計算機が登場し、データ処理や高速計算に応用され始めたのも日米

近代化が図られた武蔵野操車場のコントロールセンター

共通である。

一方、現場作業員にどのような力仕事があったかについては、数多く資料や写真があるので理解しやすい。力仕事のハイライトはハンプ式操車場における連結手の作業である。到着線に入った列車から本線用の機関車が切り離された後、入換機関車が低速で推進運転して貨車をハンプに押し上げる。先頭の貨車がハンプの頂上に達すると、１両～数両の貨車が編成から切り離され、ハンプの下り勾配を走り下りる。その先にあるポイントは貨車を目的の仕分線に導くように進路が開かれており、そのまま目的の位置まで転走させる。転送のスピードは先に仕分線に送り込まれて停止している貨車に激突したり、仕分線をオーバーランしたりすることのないように制御しなければならなかった。これに対して貨物駅の近代化と貨車操車場の自動化が計画され次のように指摘された。

①ハンプにおける押上機関車の速度制御
②ハンプから走り下りる貨車の速度制御および進路制御
③本線進路制御および構内進路制御
④情報処理（分解表の自動作成、在線貨車データの把握、貨車報告類の自動作成）

現在も稼働するアメリカの操車場

なお、アメリカの操車場においても、その作業内容や近代化の過程は基本的に日本と同じである。現在の操車場は、貨車番号の認識、カーリターダー、速度調節装置、進路制御……などＩＴ化されているが、１９７０年代を回顧すると、日本同様、ペーパーワークと力仕事の時代だったのである。

日本では終焉してしまった操車場であるが、アメリカでは今でも十分健在で不可欠な存在として機能している。アメリカの場合は、従来からコンテナ列車や単一重量物専門輸送列車（石炭、鉄鉱石、セメント、木材、チップス、農作物など）の比率が高い。一方、家畜、フルーツ、オレンジジュース、化学薬品などの輸送でも、1両ごとの単位ではなく何十両とつながるケースは多いが、一編成の全てが同一貨物・同一ルートではない場合もある。広大なアメリカでは貨物の平均輸送距離が約1500㎞まで伸びていて、全ての貨物列車が特定の駅から駅への直行運転ではないため、行程の途中に貨車の組み換えのための操車場が必要なのである。

アメリカの鉄道貨物輸送量は、6章で後述する「トン・キロ」でいうと日本の130倍もあって比較にならないので、貨物輸送の体系を明快に単純化することなどそもそもできないのである。現在8社に集約されている民営貨物鉄道会社の中の最大手であるユニオン・パシフィック鉄道は、貨物の営業距離が4万3000キロで12ヵ所の操車場を運用しているが、その中の最大のベイリー操車場（ネブラスカ州）は千代田区と同程度の面積で線路延長は500㎞以上、1日3000両の操車を行っている。

EUはアメリカと比べて鉄道貨物輸送量はぐんと少なくなるとはいえ、日本の17倍に達する。その中で最大手の貨物鉄道会社のDBシェンカーレイルは日本の4倍の貨物輸送量を扱い、現在も二桁の数の操車場を使用している。ロシアは日本の90倍、中国は100倍、インドは20倍の鉄道貨物輸送量を誇り、コンテナと重量貨物の直行列車に絞るといった単純化はとても行えないのである。鉄道輸送のうち、「人・キロ」ベースで世界最大の旅客輸送量を誇る日本は、旅客輸送については「日本は世界基準の一つ」として国際比較できるが、こと貨物輸送においては「世界基準」からは遠く離されており、日本の現状から世界を推し測ることは難しいのである。

操車場の撤廃と貨物駅の削減

戦前はそれなりに「全体最適」と判断されて採用された「貨車集結輸送」と操車場の拡大だったが、膨大な手間と時間とコストがかかっていたのが実情であり、戦後間もない1950年代になると、こうした貨車集結方式から脱却しなければいけないと考える国鉄の中堅幹部は増えてきた。1958（昭和33）年の全国営業部貨物課長会議において、本社営業局の角正巳貨物課長は次のように話している。

今、我々にとって最も重要な課題は貨物駅の集約と貨車ヤードの廃止である。これによりヤードの中継に宿場送りの集結輸送を廃止して旅客列車方式に転換を図らなければばならない。これなくしてこれからの鉄道の貨物輸送は絶対に生き残ることはできない。

確かに国鉄経営陣の意向はそのようになっていったが、当時の国鉄は多くの潜在的余剰人員を抱えており、多くの作業員が働く貨車操車場の整理は、労働争議へと発展する懸念があった。そうした中で、とりあえずは直行貨物列車の増発を試行したが、一駅発一駅行き貨物列車という考え方は簡単ではあるものの、編成が短くなることが多く輸送量が少なくなる。さりとて従来通りの複数駅発で複数駅に向かう貨物列車では、操車場での貨車の仕分けが必要である。しかし、こうしたジレンマを抱えている間に外部の環境が変化してきた。１９６０年頃から全国的に道路の整備が目覚ましく進み、１９６４（昭和39）年に名阪高速道路が開通した。長距離輸送にもトラックが進出してくると鉄道貨物輸送は蚕食されていき、１９６６（昭和41）年には鉄道の貨物輸送量はトラック輸送に追い抜かれ、鉄道貨物輸送の絶対量も１９７０（昭和45）年から下降に転じた。それでも１９７０年時点では貨車集結輸送が未だ全貨物輸送量の65％を占めていたが、その後もこの趨勢は加速し、１９８０（昭和55）年度の貨物輸送量は１９７０年度に比べて41％も減少していた。貨物輸送の１９８１（昭和56）年度の収支において、人件費比率は直行系の61％に対してヤード系は135％、営業係数は直行系の85％に対してヤード系は200％とその非経済性は明白だった。

そこで国鉄は、その挽回策としてコンテナ輸送と物資別適合輸送を目指すことになる。そのためにコンテナ駅と物資別基地の整備に重点的投資を行った。また、操車場を使用する「貨車集結輸送」から「直行輸送」への切り替えが急務であったことから、経営側は1981年からスタートした「経営改善計画」において、貨物部門は「800駅・100組成駅・操車場体制」を目指し、1985（昭和60）年までを目途に「貨車集結輸送」のスリム化を開始した。この間にも貨物輸送の収支は悪化していったことから、さらに「ヤード系輸送」と「操車場」の全廃および貨物駅を460駅にまで大幅削減することが決まり、それを民営化直前の1986（昭和61）年11月に実現させた。

その結果、鉄道開通直後の1880年から民営化直前の1986年に至る旅客営業距離、貨物営業距離、旅客取扱駅数、貨物取扱駅数の推移を10年刻みでまとめると**表4－1**のようになる。

表4－1を見ると、貨物列車の営業距離、すなわち貨物列車の走る線区は激減して旅客列

雪の中での貨車仕分け作業（富山操車場）

コンテナ主体の直行輸送への切り替えに伴い廃用となった貨車群（新鶴見操車場）

表4-1　旅客および貨物の営業距離と取扱駅数の推移

年	旅客営業距離（km）	貨物営業距離（km）	旅客取扱駅数（駅）	貨物取扱駅数（駅）
1880	123	123	25	25
1890	886	886	115	115
1900	1,325	1,325	176	176
1910	7,590	7,667	1,288	1,288
1920	10,038	10,153	1,797	1,821
1930	14,186	14,371	2,625	2,622
1940	18,112	18,332	3,672	3,401
1950	19,432	19,740	4,151	3,792
1960	20,031	20,302	4,790	3,628
1970	20,495	20,459	5,088	2,527
1980	21,030	19,558	5,177	1,234
1986	20,258	14,759	4,895	368
2020	19,951	7,955	4,649	253

車の走る線区の総距離の半分以下になっており、貨物列車の走らない地域が増えている。また、旅客駅数はあまり減少していないのに対して貨物駅数は著しく減少している。これは貨物集結輸送の終了および操車場の撤廃と相関しているが、合理化および選択と集中により、貨物駅の形態が従来のものからコンテナターミナルへと転換した結果であるといえるだろう。

コンテナターミナルの誕生

いわゆる貨物駅における貨物の積み降ろしには「従来方式」（列車が貨物駅に到着後、いったん貨車を引込み線に移動させてから荷物の積み降ろしを行う方式）と「着発線荷役方式」（着発線上に荷役ホームがあり、到着した列車に直接コンテナを積み降ろしする方式）がある。後者の場合、列車が駅に到着した直後に荷役作業を開始できるし、作業終了後はそのまま発車でき、入替作業がないため大幅な時間の短縮とコスト削減が図れる。着発線荷役方式はE＆S（「Effective & Speedy Container Handling System」の略）方式ともいい、電化区間の貨物駅では「架線下荷役」とも呼ばれた。この方式は民営化直前の１９８６（昭和61）年11月のダイヤ改正時に岐阜貨物ターミナル駅と新南陽駅の２駅で初めて採用された。２０１９（令和元）年11月ダイヤ改正時点では30の貨物駅がE＆S方式となっていて、将来的には40駅程度に導入される見込みとなっている（**図4-8**）。

さて、前者の代表ともいえる駅が東京貨物ターミナル駅（東京都品川区八潮）で、日本最大の面積を持つ貨物駅である。１９６６（昭和41）年から同駅の用地取得が進められ１９７３（昭和48）年に開業した。当初からコンテナホームのみで、旧来の車扱い貨車用のホームは一切設けられなかった。開業当時２面３線だったホームは現在５面10線になっており、１日あたりのコンテナ取り扱い個数は約６０００個、コンテナ列車の発着本数は約70本を誇っている。

駅構内は、北側から順に着発線群・留置線群、大井機関区の検修庫、コンテナホーム５

架線下での荷役作業の様子

面10線が配置されている。構内の東側には、用地を活用した複合物流施設「エフ・プラザ東京」がA棟からL棟の合計11棟設けられ、佐川急便、ヤマト運輸、リリカラ、ダイワコーポレーション、近鉄エクスプレス、東邦薬品、札幌通運、日本運輸倉庫、シンシア、DHL、日本通運などが使用している。また、JR貨物初のマルチテナント型物流施設として2020（令和2）年に「東京レールゲートWEST」が、2022（令和4）年には隣接地に賃貸面積がWESTの約3倍の「東京レールゲートEAST」が営業を開始した。

同駅を発着する貨物列車は、東海道本線で西に向かう長距離列車が多い。主な行先は、福岡貨物ターミナル（1日7本）、大阪貨物ターミ

図4-8　通常駅とE&S式駅の比較図

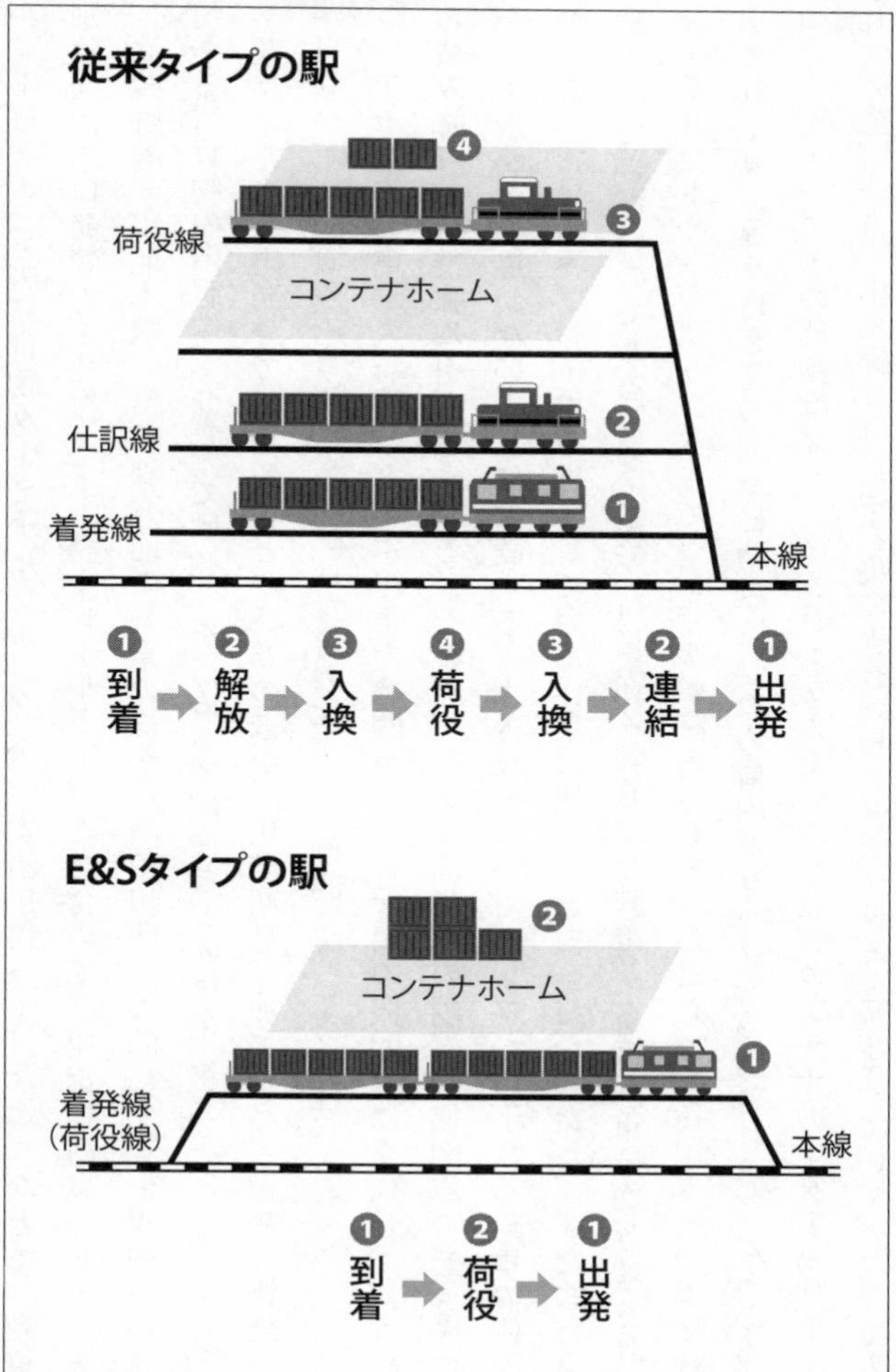

ナル（1日2本）、広島貨物ターミナル（1日2本）、安治川口（1日2本）などで、列車種別は安治川口発着の1往復（スーパーレールカーゴ）を含めて高速貨物列車である。また、武蔵野線・東北本線・常磐線方面の列車のほか、隅田川駅との間にシャトル列車が4往復ある。貨物の内訳は、入着分では43％を占める宅配便などのほか、紙パルプ、加工食品、化学薬品などで、出発分では宅配などが48％のほか、化学薬品、加工食品、書籍・雑誌などが目立つが、発着の両方向とも宅配便などの比重が圧倒的に高い点が注目される。

コンテナ貨物列車が入着すると、本線上の機関車から入替用の機関車に交代して、本線から積み降ろし荷役線に引き込まれる。その際、作業員は貨車の端部や機関車のデッキに添乗して進路を間違わないように確認する。大きな操車場でハンプから下りる貨車の側面につかまって足踏みブレーキを操作していた作業に比べると安全になったが、まだまだ全自動化はできないのである。その後、荷役線に到着した列車から機関車は切り離され、フォークリフトやトップリフターでコンテナが降ろされる。これらは配達用トラックに積み込まれたり、違う行き先の列車に積み込むため構内トラックで移動されることもある。このようなコンテナの移動はオンラインシステムで管理され、コンテナの中身も当然把握されている。一方、出発線には日中に集荷されたコンテナが続々と集まっていて、ここでも

コンテナを上から吊り上げるトップリフター

ＩＴの管理情報に従って特定列車の指定された位置に運ばれ、担当者はコンテナがしっかり閉まっているか一つひとつチェックする。

なお、日本のコンテナターミナルでは貨車およびトラックへの積み降ろし作業は大型フォークリフトで行われ、海上コンテナをはじめとした20フィート以上のコンテナの積み降ろし作業はトップリフターで行われている。これもフォークリフトの一種であるが、通常のフォークリフトがコンテナの下面にフォーク（爪）を挿入し、下支えしながら昇降させるのとは違い、上から吊り上げる要領でコンテナを昇降させるのである。なお、コンテナターミナルのホームは作業の能率を考え、地面から嵩上げされない平面になっている。

貨物駅のホーム

鉄道貨物輸送における貨物やコンテナの積み降ろしには、従来なら貨物駅のプラットホーム、現代ならコンテナヤードという場所が必要である。プラットホームというと、我々は新幹線、通勤電車、地下鉄などのホームを連想する。そして、ホームの高さを問えば当然「列車の床面とホーム上面の高さはほとんど同じ」と答えるだろう。近年の旅客駅はほぼそうなっているし、それが一番便利に違いない。そして、そこにはホームの高さの基準があり、1958（昭和33）年時点の国鉄の規定では表4-2のようになっていた。

1958年というと今から60年以上も前で、新幹線は存在せず、特急「こだま」がようやく東海道線にデビューした年ではあるが、ここから伺える要素はとても多い。都会を走る電車において車体とホームの床面高が近いのは、停車時間が短く乗降人数も多いので乗降を円滑にするためであるが、地方を走る客車列車や気動車などでは40センチ程度ホーム面高が低くなっていた。ただし、乗降のしやすさや効率等を考慮して、新駅ではもちろんのこと、旧駅でもホー

表4-2　1958年時点の国鉄のホームの高さの規定

レール面からの高さ	電車用	列車用	気動車用	荷物車用
車両の床面高	1200～1275ミリ	1185ミリ	1185～1250ミリ	1185ミリ
ホーム床面高	1100	760	760	760

右に見えるのが貨車の床面にあわせた貨物ホーム。地面との高さの違いがわかる

ム床面のかさ上げ改良工事は全国的に地道に行われてきている。また荷物列車は旅客列車扱いで、荷物車で編成された列車へ人手で積み降ろしをしていたので、列車用に準じた規定になっている。

ところが、貨物列車への積み降ろしを前提とした「貨車用」についてはホーム床面高の規定がない。これをどう解釈するべきかであるが、規定はなくても現実を見ると、戦前や戦争直後のホームは貨車床面の高さに近い高床ホームが多く、旅客用に近い960〜1020ミリの高さがあった。人力で貨車に貨物の積み降ろしを行うにはそれが便利だったからである。一方、「荒荷・散荷」と呼ばれて地面から直接荷役する貨物駅も一部あって、この場合は「地平積卸場」あるいは「低床ホーム」と呼ばれていた。

戦後、トラックが普及してくると貨車に横付けして荷役を行うようになった。そうなるとトラックの荷台面と貨車の床面の高さが同じ方が作業しやすい。すなわちトラックがホームに乗り入れることになるので低床ホームになってくる。そして、1960年代に入って本格的なコンテナ時代になると、貨車へのコンテナの積み込みやトラックとの積み替えは大型フォークリフトで行うので地面と同じ高さが適しており、「ホーム」と呼ぶのはピンとこないが、この積み替えの場をやはり「コンテナホーム」などと呼んでいる。

ただし、大きな貨物ターミナルのホームは、トラックやフォークリフトの移動に支障がないように、例えば長さ500メートル、横幅40メートルくらいもあって、むしろ「広場」という方が相応しいくらいである。

北九州貨物ターミナル駅のコンテナホーム

第5章

荷物・郵便・新聞の輸送と「宅扱い」

旅客部門の管轄下で運ばれてきた「荷物」

鉄道開業時の京浜間では貨物営業は旅客営業より1年遅れたが、「手荷物」と「郵便」の営業は旅客営業と同時に始まっている。すなわち旅客が持ち込む荷物を「手荷物」といい、旅客運賃内で持ち込める量を超えると、30斤までが25銭、60斤までが50銭と定められた。また、自分は旅しなくても荷物だけ送りたいというケースも当然あり、それを受け付ける場合「小荷物」といい、「手荷物」と「小荷物」をあわせて「荷物」と呼んだ。

一方、郵便制度は鉄道開業より1年早い１８７１（明治４）年にスタートしたので、当初は人夫が徒歩で運んだが、鉄道への期待は大きく、１８７２（明治５）年以降は旅客列車が郵便を運ぶようになったのである。

これら「荷物」や「郵便」は、旅客列車後部に連結した緩急車で運んだことから流れができたのか、その後もずっと「荷物」は旅客部門の管轄下で旅客列車が運び、「貨物」は貨物部門の管轄下で貨物列車が運ぶことになって、この区分は民営化直前となる１９８６（昭和61）年の荷物列車廃止まで１１５年間も続いたのである。

手小荷物が増えてそれに対する規定ができたのは１９００（明治33）年で、運賃や取り扱い方法が細かく決められた。その規定の中であげられている物品としては「行商人が携帯す

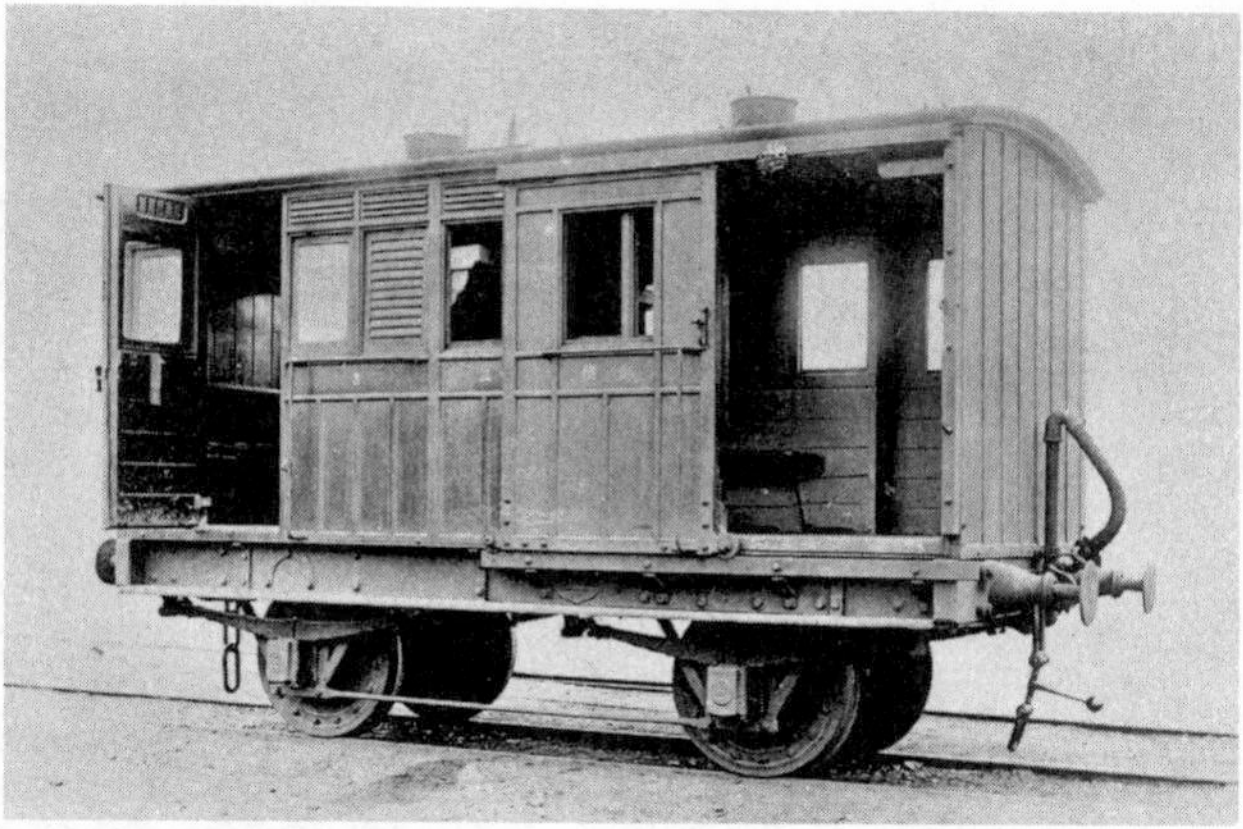

二軸車時代の郵便合造車

る商品」「自転車」「生糸・絹糸・絹織物」「貴金属」「美術工芸品」「楽器」「紙幣・印紙」など貴重な小口物品類のほか、「死体」「小動物」まで列挙されていることからも、一般的な鉄道貨物と違いは明白である。1913（大正2）年になると都市生活者に供給される「牛乳」「鮮肉」「野菜」「卵」なども追加された。

荷物は最初、旅客列車の編成に組み込まれていた荷物緩急車によって運搬されてきたが、その後、専用の荷物車が造られて充当されるようになった。この荷物車は特急、急行、長距離列車などに優先的に連結され、1911（明治44）年、東京〜下関間に初めて特急列車が運行された際に「郵便荷物車」を1両連結した。このように手小荷物は、貨物とはむし

荷物や郵便は客車で、貨物は貨車で運ばれる

ろ正反対の概念で、速く運搬されるように配慮されたのである。

その後も荷物輸送は増え続けたが、荷物車を増やすと、機関車の牽引力に余力のなかった当時はその分客車を減らさなければならない。また荷物が多いと、途中停車駅での荷物の積み降ろしは旅客の乗降以上に時間をとってしまう。そのため、旅客列車から荷物車を外して、荷物車だけを連結する荷物専用列車を走らせることになった。1929（昭和4）年には東京〜大阪間に所要時間11時間で走る11両編成の荷物専用列車が登場した。さらに、東京の電車運転区間では当初、客室と荷物室を備えた合造車両を使っていたが、関東大震災後は京浜・山手・中央線および京阪神間でも荷物専用電車の運行を始めた。しかし、戦時体制に入ると荷物を特別扱いする余裕はなくなり、1942（昭和17）年には小荷物は貨物扱いに移し、手荷物のみ従来通り旅客扱いすることになった。

戦後の1947（昭和22）年になると鉄道復興も軌道に乗り始め、急行・準急列車が復活するとともに、東海道・山陽線では荷物専用列車の運行が再開された。「小荷物」の鉄道輸送も戦後も長らく続けられ、戦前および戦後しばらく「チッキ」と称された。車掌が無賃扱いの手荷物を預かった場合、車掌は乗客に洋銀製の「チェッキ」（合札）を渡し、預かった手荷物には真鍮製のチェッキを結び付けてわかるようにして輸送した。最初は手荷物に使われた言葉だが、その後小荷物にも使われるようになる間に、「チェッキ」がなまって「チッキ」になったようである。当時は多くの国鉄の駅で小荷物を取り扱い、受発注者は最寄りの駅まで発送や受取に行っていた。「貨物」はかなり大きく重く、主に企業間の輸送であるのに対して、「荷物」は軽く小さく主に個人間で授受されたのである。

鉄道による小荷物輸送は明治時代から始まって、太平洋戦争が激化した時期を除きずっと継続され、5kgまでは「郵便包み」、それ以上の荷物は「鉄道小荷物」と棲み分けされてきた。しかし、郵政省が郵便小包の重量制限を緩和したことでこの棲み分けは崩れてしまう。

1957（昭和32）年になると、その運行は東京～門司間、東京～鳥栖間、上野～青森間、函館～岩見沢間にも拡大された。その後も荷物車の増備、パレットの導入、コンテナへの混載など国鉄は手を打ってきたが、手間のかかる荷物輸送の採算はどんどん悪化していった。1970年代に入ると国鉄の激しい労働争議が頻発し、小荷物の輸送が乱れて荷主の信用が薄らいでしまった。一方、国鉄内で貨物局が取り扱う小口貨物と旅客局が取り扱う小荷物の運営に重複部分があって非効率的であるという批判が出てきたので、1974（昭和49）年に国鉄による少量品輸送を旅客局の運営する手小荷物営業に一本化する、いわゆる「荷貨一元化」が行われた。

その間、道路が整備されてトラックが普及すると、まずは国鉄自身が鉄道に代わる自動車代行サービスに染手したが、これは悩める国鉄が行った自己矛盾でもあった。それでも「貨物」も「荷物」も鉄道からトラック輸送にだんだんシフトして行き、１９７６（昭和51）年にヤマト運輸が「クロネコ宅急便」を始めると、特に小口の「荷物」はどんどんトラック輸送にシフトされ、それから10年後の１９８６（昭和61）年、すなわち民営化直前に鉄道による「荷物輸送」は廃止された。

国鉄も荷物輸送の減少に対してただ手をこまぬいていたわけではなく、１９８１（昭和56）年には、新幹線の高速性を活かして小口荷物を輸送する「新幹線レールゴー・サービス」が東海道新幹線の東京～新大阪・大阪間で開始され、翌年には山陽新幹線、１９８５（昭和60）年には東北・上越新幹線にもサービスが拡大された。１９８６年にはこれに集配サービスを付加した「ひかり直行便」も開始されたが、東海道・山陽新幹線では２００６（平成18）年に終了している。

またＪＲ四国でも、高松～松山間、松山～宇和島間、高松～徳島間などで特急列車を利用した小荷物輸送サービス「ＪＲ特急便荷物（レールゴー・サービス）」が行われていたが、こちらも残念ながら２０２２（令和４）年に終了した。

荷物電車への積み込み風景

なお、東北・上越新幹線の「新幹線レールゴー・サービス」も２０２１（令和３）年に終了したが、ＪＲ東日本のグループ会社が展開する「はこビュン」のサービスが新たにスタートし、東北・上越・北陸の各新幹線では現在も荷物を輸送することができる。ＪＲ東日本の新幹線は列車密度に比較的余裕があることもあって、近年では「はこビュン」による多量輸送のトライアルを行っているほか、ＪＲ東海でも２０２４（令和６）年４月以降に東海道新幹線を活用した荷物輸送サービス「東海道マッハ便」の開始を発表するなど、各社で新幹線を活用した高速荷物輸送の再チャレンジが始まっているので、これからの本格的な展開に期待したい。

郵便と新聞は速達性が命

前述したとおり、わが国の近代的郵便制度は鉄道開業直前の1871年にスタートしたが、馬車の歴史を持たない日本では、人夫輸送主体で始まった。しかし1872年、新橋〜横浜間に鉄道が開通すると、ほどなく郵便輸送は1日9便の列車全てを使うようになり、逓信省の係官2名が乗車するようになった。これが鉄道郵便の始まりである。

列車に積まれる郵便は、最初は梱に包まれたまま途中で開けない方式であったが、例えば東京〜青森間の列車に通し乗務をすると、26時間40分とほぼ一昼夜ともなってしまう。このような長時間、係官がただ乗務しているだけでは全く非能率であることから、効率を上げるため乗務する係員が列車走行中に仕分け事務を行うようになった。しかし、郵便車内の仕分け作業が定着すると、今度はその作業の繁忙さが問題になってくる。昭和30年頃の郵便車内の様子を書いた記事を見てみると、その大変さがわかる。

昭和30年頃の「取扱便」の郵便車車内の様子を比較的業務量の多い東京・浜松間例でみてみよう。9人の鉄道郵便乗務員が乗務し、約3万通の普通郵便物、約1000通の書留郵便物、500個の小郵袋、100個の小包、そして700個の大郵袋について5時間程の乗務時間の中で、郵便物の区分け、宛局別に郵袋への挿入、送り状の作成などの作業を行っていた。正に「動く郵便局」であり、動揺と走行音が響く狭い車内で、限られた時間内での区分作業はとても忙しく、相当の熟練を必要とする酷しい仕事であった。

（須藤在久「鉄道郵便車のはなし」：『鉄道ピクトリアル』1955年8月号）

鉄道郵便の増加に伴い、発着地には「鉄道郵便局」が設置されることとなり、1910（明治43）年には、札幌、仙台、東京、長野、名古屋、金沢、大阪、神戸、広島、熊本に開局する。また、1907（明治40）年には新橋〜神戸間に郵便車3両＋新聞搭載の荷物車1両で構成された4両編成の郵便荷物専用列車が運転された。郵便も新聞もスピードを要するので、その列車の所要時間は15時間20分と当時の急行列車並みであった。また関東大震災後には東京の電車運転区間において、荷物室および座席車とともに郵便室を設置した合造車も運行されるようになった。

鉄道郵便は日本各地で郵便物を運送し、戦後も1970年頃まで国内の郵便輸送の主役であったが、自動車の普及や高速道路網の発達、さらには国内航空路の拡充に伴って、

鉄道郵便車車内での作業の様子

１９７１（昭和46）年をピークにシェアを落としていくこととなり、鉄道郵便は徐々に削減されていってしまい、１９８６（昭和61）年に国鉄民営化を前にして、１００年以上の歴史を持つ鉄道郵便は終焉してしまった。現在は一部の郵便物が、ＪＲ貨物のコンテナによって輸送されている。

また、日本における鉄道による新聞輸送は、１８７４（明治７）年に横浜に住むイギリス人のブラックが「ジャパン・ガゼット」紙の輸送を鉄道寮に申請して承認されたのを嚆矢とする。その後、全国の新聞各社が鉄道輸送を利用するようになると「新聞紙雑誌等特別運送取扱手続」が制定され、特別な運賃の割引を受けることになってこの慣行が定着した。そして、東京

普通列車に連結された郵便車への積み込み風景

や大阪などの大都市では荷物電車がよく利用された。

しかし、戦後の1955（昭和30）年頃から新聞の輸送はトラックに代わっていき、鉄道による新聞輸送は鉄道郵便や荷物輸送と同様に衰退していった。国鉄民営化後も東京地区から道路事情のよくない千葉方面や東北線・高崎線方面への新聞輸送は続けられたほか、ブルートレインの荷物室などを使用して一部の地方向けの新聞輸送も行われていたが、現在ではごく一部を除いていずれも廃止されている。

なお国鉄が手荷物、小荷物、新聞・雑誌などを運んだ1905（明治38）年から1985（昭和60）年までの80年間における輸送量推移は**表5-1**のとおりで、集計数字が戦前のトン数か

表5-1　国鉄における手荷物、小荷物、新聞・雑誌の輸送量の推移

年	手荷物	小荷物	契約新聞雑誌	合計
1905年	3,810トン	25,069トン		28,879トン
1910年	9,598	66,467		76,065
1920年	28,370	387,742		416,112
1930年	37,440	473,120		510,560
1940年	6,914千個	78,528千個		85,442千個
1950年	7,878	42,242	28,421	78,542
1960年	9,986	56,255	68,963	135,204
1970年	7,299	68,105	67,908	143,312
1980年	2,026	39,492	37,108	78,626
1985年	103	12,200	13,389	25,692

ら戦後は個数に代わっているが、どうやら1970年頃がピークで、その後低下していった傾向が読み取れる。

小口貨物と通運業者

三代目歌川広重の描いた錦絵「東京名所之内新橋ステンシヨン蒸汽車鉄道図」は1875（明治8）年頃の風景であるが、何気なく眺めると、頭端式ホームに旅客列車が到着したところに目がいってしまう。しかし注意深く眺めると、駅の側線上には貨物を積んだ3両の連結された貨車が停まり、その傍らに貨物の積み降ろしを行う3人、そしてそこに4人の男が貨物を積んだ大八車で向かっている。すなわち鉄道開通直後から鉄道による貨物輸送があり、駅と戸口の間の運送も行われたことを如実に物語っている。

さて、どの時代においても、究極ドア・トゥー・ド

アの行程が必要な貨物輸送において、鉄道は最寄出発駅〜最寄到着駅間の輸送しかできないので、両エンドの積替・輸送が必要となる。この輸送を最初は「通運」と呼んでいたのが、明治の末になると「小運輸」と呼ぶようになった。鉄道や船による運輸を「大運輸」と呼んだ時の対比語である。このような「通運」や「小運輸」に最初に進出したのが「三井組」であったが、やがて「内国通運」がとって代わり、どんどんシェアを高め、それはやがて「日本通運」という半官半民の運送会社に発展していった。ちなみに先ほど紹介した錦絵の貨物を扱う男の半纏には、内国通運の丸通マークが描かれている。この「通運」や「小運輸」の運搬手段として最初は大八車や貨物用馬車が使われたが、昭和になるとオート三輪やトラックが使われるようになり、ぐんと効率的になった。ただし、この時代は長距離道路網が未整備でトラックの性能も劣っていたので、トラックが鉄道の受け持つ「大運輸」にとって代わるような事態は起きなかった。

さて荷物の由来や手荷物、小荷物の違い、そしてこれら全ては鉄道省の旅客部門の管轄であることは前述したが、今度は鉄道省の貨物部門が小口貨物の運送を開始したため、新造語も出てきて仕組みがややこしくなってしまった。1927（昭和2）年に開始された「小口扱貨物」・「小口混載貨物」・「特別小口扱」というものである。手荷物・小荷物は、あくまで顧

東京名所之内新橋ステンシヨン蒸汽車鉄道図
（鉄道博物館所蔵）

客が直接に鉄道省の旅客部門と運送契約を結び、そして荷物類の発送や受領には顧客が直接最寄り駅に出向かなければならなかった。これに対して新設された貨物制度のうち、「小口扱貨物」は契約関係や貨物の発送・受領の要領は荷物と同じであるが、「小口混載貨物」と「特別小口扱」では最寄り駅と顧客間の運送は通運業者がやってくれるので、顧客が最寄り駅に出向く必要がない一見便利な制度であった。

　小口扱貨物は国鉄・貨物部門と顧客が運送契約を結ぶまでは同じであるが、この場合は貨物単位ではなく最低限貨車１両単位でなければならない。一方、小口

「宅扱」の積み込み作業の様子　（鉄道博物館所蔵）

混載貨物は国鉄・貨物部門が通運業者とやはり最低限貨車1両単位で結ぶ運送契約であるが、その背後では運送業者は顧客と小口貨物の運送契約を結んでいる形態である。**図5-1**を見ていただくと理解しやすいであろう。

これらの新設された小口貨物制度の中で最も注目されたのは「特別小口扱い」（後年「宅扱」に改称された）だ。今の「宅配便」に該当するもので、「小口貨物を迅速に宅配する」と鉄道省はポスターや看板も使って大いに宣伝したものである。この場合に最寄り駅と顧客間の宅送・宅配を担ったのも、日本通運などの通運業者であった。その迅速化のため、宅扱い専用の貨車だけで編成

図5-1　手荷物・小荷物・小口貨物などの対比図

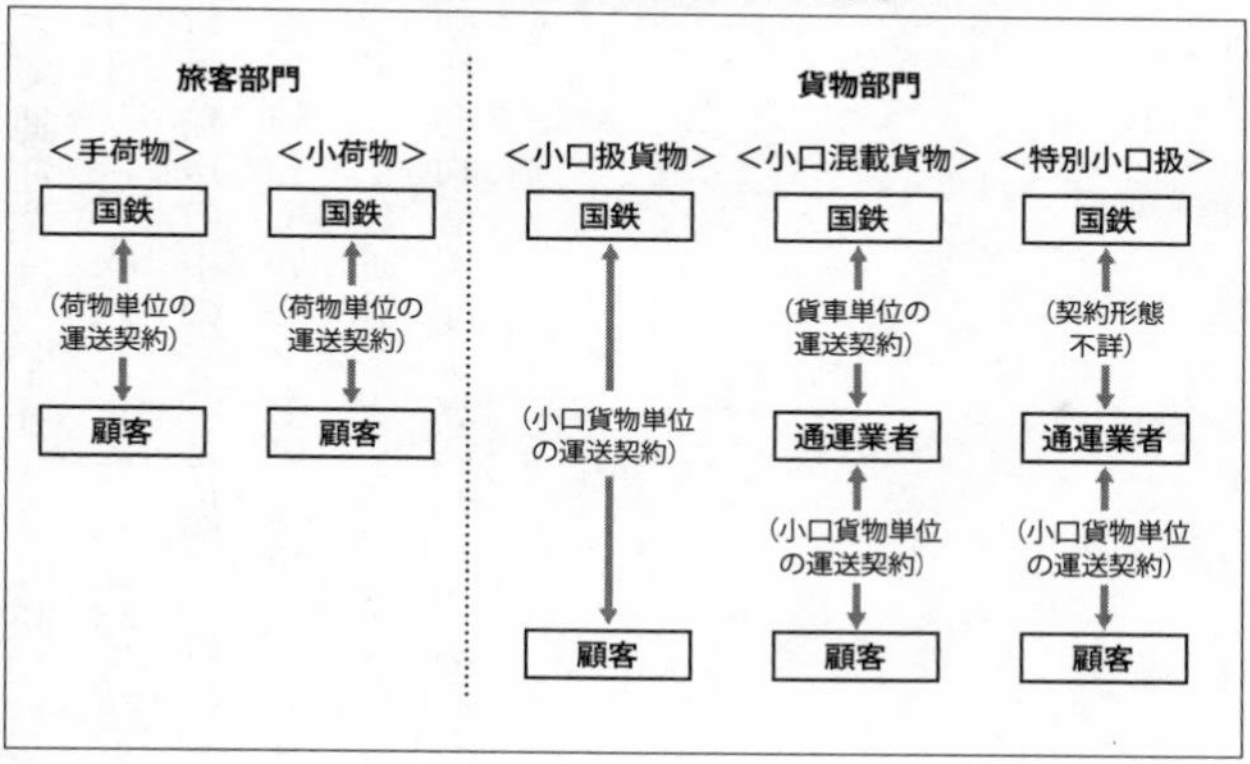

した急行列車を走らせることになり、１９３７（昭和12）年には汐留～梅田間にボギー有蓋車13両編成の「急行宅扱貨物列車」を設定し、15時間15分と当時としては画期的スピードで運行を開始。ほどなく吹田～下関間にも同じような列車を走らせた。

　このように「宅扱」は鳴り物入りではあったが、最寄りの駅から６㎞以内の顧客が対象と通運サービス範囲が狭く、電話一本で発送できる今の宅配便のような簡便さはなかった。そして、従来鉄道が担っていた「大運送」の分野もどんどんとトラックが優勢となり、遂に「大運送」と「小運送」がトラック輸送で有機的につながった宅配便が始まると、かつての「宅扱」が復活する余地は全くなくなった。

さて通運業は、1949（昭和24）年に制定された「通運事業法」に準拠していたが、1989（平成元）年に「貨物運送取扱事業法」の中に吸収され、鉄道輸送は陸海空にわたる貨物輸送の中の一つと位置づけられた。貨物輸送の中で断トツであった鉄道貨物輸送の低落を反映しているともいえるが、現在でも運送業者をはじめ、トラック業者や倉庫業者などがよく「○○通運」という社名を好んで使うのは、未だ歴史的な「通運」という言葉の知名度や社会的信用度が高いからであろう。

コラム4

郵便物受渡機

郵便物受渡機（郵便授受機）とは、走行状態の列車と郵便袋を受け渡す装置で、イギリスの鉄道技術者ナタニエル・ウィースデル（1809〜1896）によって1837年に発明され、翌年にグランド・ジャンクション鉄道で初めて採用されたものである。わが国では1898（明治31）年に大森、川崎、藤沢の各駅に設置された後、1914（大正3）年には東北本線、常磐線、信越本線、東海道本線、山陽本線、鹿児島本線などの各線で、郵便局のある通過駅での設置が計300基に達した。

その間、イギリス式のプロトタイプは幾度か日本式に改良を受けているが、基本は変わっていない。すなわち車両側面から240〜400ミリ離れた位置に柱機が立てられ、その上部に吊り下げられた郵便袋は郵便車が受け取る一方で、柱機下部に設置された袋に郵便車からの郵便袋を落下させるのが基本的な仕組みであった。郵便車側では、受け渡し駅通過の5分ほど前から側扉を開けて車機を外側に突き出し、下方では地上に渡す郵便袋を吊り下げ、上方では地上から受け取る準備をする。そして、定点通過する瞬間に郵便袋の授受が一度に行われる。

これが円滑にいけば、大変効率的であったが、受け渡しに失敗した郵便袋が跳ね飛ばされて翌朝田圃の中で見つかったり、郵便車側の係員の転落や、逆に地上側の職員が跳ね飛ばされるような危険な事故が避けられなかった。また、この緊張する一瞬の作業のために、車上側でも地上側でも関係者が作業を中断して待機・監視に集中せねばならなかったので、思ったほど効率のよい仕組みではなかったのだ。そこへ列車のスピードの向上も相まって、1925（大正14）年からは徐々に撤去が始まり、1932（昭和7）年には全廃された。なお、本装置の発祥の国イギリスでは1837年から1971年まで使われたというから、なんと134年も命脈を保ったことになるから驚きである。

郵便物受渡機による行嚢（郵袋）の授受
（郵政博物館 収蔵）

第6章

貨物列車の国際比較

「人・キロ」および「トン・キロ」と交通シェア

鉄道をはじめとして各交通機関の運んだ交通量を見る尺度として、旅客については「人・キロ」を用いている。旅客を何人運んだかだけでは足りないし、旅客を何キロ運んだかでも足りない。たくさんの人を運んでもそれが短距離のケースもあるだろうし、逆に長距離を運んだが少人数のケースもあるだろうから、交通量を公平に客観的に比べられない。したがって何人の人を平均何キロ運んだか、それを掛け合わせた相乗積「人・キロ」が統計に使われているのだ。一方、貨物の輸送量についても考え方は同じで、その数字は「トン・キロ」で集計されている。日本、アメリカ、中国、フランス、イギリスの5ヵ国の鉄道が運んだ旅客輸送量（人・キロ）と貨物輸送量（トン・キロ）の歴史的推移を見てみよう（**表6-1**）。

日本の旅客の「人・キロ」は、1世紀以上にわたって伸長しており、国土の広さは似ているが人口は半分のフランス、イギリスの「人・キロ」を戦前ですでに凌駕し、今や大差を付けている。あの広大で人口も3倍近いアメリカの「人・キロ」に対しても、戦前で凌駕し、今や比較にならないのだから改めて驚くしかない。一方、中国の鉄道は戦前では未だ微々たるものであったが、改革開放のあった1990年頃より鉄道の伸長・整備が進み、旅客も貨物も輸送量が著増し始めたのである。

表6-1　各国の鉄道が運んだ旅客と貨物の輸送量の推移

年	旅客（人・キロ）					貨物（トン・キロ）				
	日本	アメリカ	中国	フランス	イギリス	日本	アメリカ	中国	フランス	イギリス
1910年	6	52		17		4	372	2	22	
1920	16	76	5	22		10	604	5	26	
1930	23	43	6	29		12	563	4	41	29
1940	68	38	1	17	31	29	548	1	24	
1950	118	51	21	26	32	34	884	39	39	36
1960	197	34	67	32	35	55	840	271	57	31
1970	290	17	72	41	30	63	1,126	350	70	27
1980	316	18	138	55	30	38	1,342	572	66	18
1990	400	10	261	63	33	27	1,665	1,062	52	16
2000	385	9	453	70	36	22	2,146	1,377	55	18

今度は貨物の輸送量「トン・キロ」に目を移すと、全く異なる絵が見えてくる。日本がフランスやイギリスと拮抗して似たような数値を示していることはよいが、アメリカの鉄道貨物の「トン・キロ」は今や日本の百倍に達しており、旅客の「人・キロ」とは真逆の数値を示しているのである。

次に日本の交通機関別の比率である「交通シェア」の戦後の推移を見て見よう（**表６−２**）。これも交通機関別に旅客なら「人・キロ」で、貨物なら「トン・キロ」で測った比率である。

モータリゼーションが始まった１９６０年頃より、旅客輸送において鉄道は主に自動車に蚕食されてきたが、その傾向は１９９０年頃に落ち着き、その後はあまりシェアの移動はなく、あ

表6-2　日本の交通機関別シェアの推移

区分	年	鉄道	自動車	船舶	航空
旅客（人・キロ）	1960	75.8%	22.8%	1.1%	0.3%
	1970	49.2%	48.4%	0.8%	1.6%
	1980	40.2%	55.2%	0.8%	3.8%
	1990	29.8%	65.7%	0.5%	4.0%
	2000	27.1%	67.0%	0.3%	5.6%
	2010	29.2%	65.1%	0.5%	5.2%
	2015	30.8%	62.6%	0.2%	6.4%
貨物（トン・キロ）	1960	39.0%	15.0%	46.0%	0.0%
	1970	18.0%	38.8%	43.2%	0.0%
	1980	8.5%	40.8%	50.6%	0.1%
	1990	5.0%	50.2%	44.7%	0.2%
	2000	3.8%	54.2%	41.8%	0.2%
	2010	4.6%	54.9%	40.3%	0.2%
	2015	5.3%	50.2%	44.3%	0.3%

るべき姿に収斂しているように見える。一方、貨物輸送においては自動車が急増して鉄道は蚕食されたが、こちらも１９９０年頃からそれが止まり一定の比率で収斂しているように見える。なお、貨物輸送においては意外にも船舶が１９６０年以降でも常に40〜50％のシェアを手堅く確保していることに注目しなければならない。

交通シェアについても２０００（平成12）年時点の主要５ヵ国の数値を並べてみよう（**表6－3**）。鉄道のシェアは旅客も貨物も中国が一番高い。中国以外では、旅客の鉄道シェアでは日本が断然高く、アメリカが最低で、フランス、イギリスはそれよりはまだよいほうである。ところが貨物のシェアになると、

表6-3　各国の2000年時点の交通機関別シェア

区分	交通種別	日本	アメリカ	中国	フランス	イギリス
旅客輸送	鉄道	27%	1%	37%	8%	5%
	道路	67%	90%	54%	90%	94%
	航空	6%	9%	8%	2%	1%
	水運など	0%	0%	1%	0%	0%
貨物輸送	鉄道	4%	38%	51%	16%	7%
	道路	54%	31%	22%	76%	62%
	航空	0%	0%	0%	0%	0 %
	水運など	42%	31%	24%	8%	31%

日本の鉄道が最低で、中国を除くとアメリカが最高、フランスとイギリスが中間にくる。旅客と貨物ではここでも真逆な結果がはっきりと表れている。

日本と対照的なのがアメリカで、２０００年時点での鉄道の占める国内交通シェアは、旅客でわずか１％であるのに対し、貨物で38％とまだまだ隆盛である。鉄道には単一大型貨物やコンテナの長距離輸送がマッチするが、まさにアメリカはそのような貨物事情であり、鉄道貨物輸送は十分存在感がある。この傾向は広大な大陸国家でこそ成り立つ図式であり、２０００年の鉄道貨物のシェアは中国でも51％とさらに高く、この傾向はロシア、インドなどにも共通するはずである。ちなみに地形的に日本よりは平地が広がるフランスやイギリスの鉄道貨物輸送シェアはそれぞれ16％と７％で日本の４％よりはかなり高い。

結局、鉄道貨物で運ばれる距離の長短が大きな決め手で

表6-4　鉄道貨物の平均輸送距離の国別比較

年	日本	アメリカ	中国	フランス
1890	158キロ	185キロ		127キロ
1900	82	391		192
1910	121	400		190
1920	142	489		251
1930	127	509		183
1940	152	565		235
1950	207	670	395	256
1960	229	712	412	251
1970	248	790	513	282
1980	226	963	514	318
1990	314	1,168	705	363
2000	550		771	
2010	677		759	
2020	670		716	

あると予想されたので、日本、アメリカ、中国、フランスの4ヵ国について、平均輸送距離を歴史的推移として算出してみた。それには各国の貨物の鉄道での輸送量「トン・キロ」を単なる輸送重量である「トン」で割れば平均距離「キロ」が簡単に算出できるのである。その結果は**表6-4**のようになった。

アメリカとフランスについては、最近のデータが用意できなかったが、それでも大きな趨勢は十分わかる。アメリカでは20世紀に入るともう300キロを超え、1990年には1000キロを大きく超えている。中国では鉄道の敷設自体が戦前は極めて遅れていたのが1950年頃から鉄道が次第に延伸され、旅客輸送量も貨物輸送量も最近は加速度的に増強されてきた。鉄道貨物の平均輸送距離は意外に伸びていないが、７００キロを超えている。平均輸送距離では日本だけが特徴的で、最近の30年間で倍増して７００キロに近づき、中国と大差ない。この輸送距離だと鉄道が強いのは当然で、３００～５００キロの中距離輸送の鉄道への取り込みが次の課題であり、その取り込みは近年のモーダルシフト推進の勢いを追い風にすれば、十分に可能性があるはずである。

鉄道貨物輸送では世界最先端のアメリカ

このような鉄道貨物についての国際的比較はあくまで定量的な数値の比較であったので、海外の貨物列車に関して、日本ではちょっと想像できないような光景や実情などを紹介したい。この場合、日本と対照的な大陸国家のアメリカと中国の状況が印象的でわかりやすいだろう。アメリカは国土が日本の25倍あるとはいえ、最盛時には42万キロもの鉄道延長を誇っていたので、旅客列車でも貨物列車でも運行経験とその蓄積は大きい。現在ではその鉄道網は20万キロ強と半減しているが、今でもその幹線網はそのまま貨物輸送に利用されている。これに対して他の大陸国家である中国、インド、ロシアなどは、未だ新線や施設の新設・拡充を行っている段階なので、既存路線や既存施設が整っているアメリカはかなり有利である。このような余裕もあって、アメリカは鉄道貨物輸送において、機関車や運行方式などでは世界最先端をいっているのである。

アメリカの鉄道においては1930年代から蒸気機関車と並んでディーゼル機関車が開発され、導入された歴史を誇っている。特に電気式ディーゼル機関車の製造や運行には世界一の蓄積があるので、現在のアメリカの鉄道貨物輸送はほぼ全てこのタイプの機関車が担っている。しかも、貨物列車のほとんどが機関車を2台以上つなぐ重連で長大な貨物列車を牽引している。電気式ディーゼル機関車は液体式ディーゼル機関車に比べて、機関車重連の場合の総括制御がしやすく液体変速機より故障も少ないため、アメリカの運行モードに適しているのである。

アメリカの鉄道貨物輸送は戦後、地域別に数十社が分担していたが、経済性に厳しい会社は淘汰糾合されて、今では8社に集約されている（BNSF鉄道、グランド・トランク社、スー・ライン鉄道、オムニ・トラックス社、カンザス・シティ・サザン鉄道、ノーフォーク・サザン鉄道、ユニオン・パシフィック鉄道）。なお、国有公社「アムトラック」の運行する旅客列車は今やこれら8鉄道会社の路線を借りて走っているのである。旅客路線を借りて貨物列車が走っている日本とは正反対の状況といえるだろう。

戦後、アメリカの鉄道会社は、航空網と高速道路の発展でまず旅客輸送が蚕食され、経営が成り立たなくなったために、列車の運行を国有公社のアムトラックに移管した。しかし、これは運行範囲を大きく縮小してのことであった。一方、貨物輸送は何とか成り立っていたものの状況は厳しかった。そこへ1980年に米国政府が鉄道会社の規制（利益率の上限設定、運賃規制、路線の統廃合の規制）を大幅に緩和したスタガーズ鉄道法を成立させ、鉄道各社は不採算路線の廃止などを行ってようやく利益の出る体質になったのである。

アメリカでは最近、中国など東アジアからの各種製品の輸入の増加が顕著であるが、これらの輸入物資が西海岸の港湾に着くと、海上コン

Union Pacific Railroad（UP）の最新型電気式貨物用ディーゼル機関車GE製ET44AC（UP表記：C45AH）〔提供：佐々木也寸志氏〕

テナのまま鉄道貨物輸送と他の輸送（トレイラーなど）との組み合わせで輸送する「インターモーダル輸送」が増加傾向にある。そして効率的な大量輸送のための方策として、コンテナを貨車に2段に積んで運行する「ダブル・スタック・トレイン」が増えつつある。

コンテナを貨車に2段積みで運行するBNSF Railwayの「ダブルスタック・トレイン」〔提供：佐々木也寸志氏〕

ただし、大型船の通れなかったパナマ運河の代替輸送ルートとして西海岸から鉄道で運ばれていた東海岸向けの貨物については、2016年にパナマ運河の拡張工事が完成して、アメリカの鉄道貨物輸送にとって逆風となった。しかし、パナマ運河が大拡張工事を行ったコストのツケを運河通行料に転嫁せざるを得ず、鉄道と運河は微妙な競争下にある。そして、より競合関係にあるトラック輸送に対しては、二酸化炭素の排出やエネルギーコストで優位にある鉄道側はモーダルシフトを訴えており、これは日本と同じである。

鉄道電化比率の低いアメリカでは、１９３０年代から電気式ディーゼル機関車の開発に熱心で、出力、牽引力などが世界のトップクラスである。日本ではもう廃止されてしまった操車場（ヤード）を使う「貨車集結輸送」は、貨物単位が大きく輸送距離が長いアメリカでは今でも不可欠なものとして盛んに使われていて、ヤードではＩＴ化された貨車番号認識装置や自動速度調節装置が活用されて以前よりいっそう効率化されている。またアメリカの車両限界は大きいので、荷物とトラックを丸ごと運ぶピギーバック輸送や先述のダブルスタック輸送も大変有利である。

BNSF Railwayのピギーバック・トレイン〔提供：佐々木也寸志氏〕

表6-5　アメリカの貨物列車を牽引する主要なディーゼル電気機関車

メーカー	形式	製造期間	エンジン出力
EMD社	Fシリーズ	1939～1960年	1600～1850PS
GE社	U25	1959～1966年	2000～2400PS
EMD社	SD70	1992～	4000～4300PS
GE社	ESシリーズ	2003～	4000～6200PS

そして何といっても恵まれているのは、従来から石炭、鉄鉱石、石油化学製品、木材・チップ、石灰石などの大型・単品・直行貨物が多いのが鉄道貨物輸送には最適なのである。

さて、アメリカの貨物列車を牽引する主要なディーゼル電気機関車を挙げると**表6-5**のようになる。1930年代に電気式ディーゼル機関車が隆盛に向かうが、それ以降、現在までほとんどEMD社（GM社の「機関車製造部門」）とGE社が寡占で張り合ってきた。

New York Central Railroad博物館に展示される電気式旅客用ディーゼル機関車EMD製E7A（1953年製造）〔提供：佐々木也寸志氏〕

外観ではEMD社のFシリーズがいわゆる佳き時代の流線形を纏っていて美しい。もっともこの時代は旅客列車牽引用のディーゼル機関車も判で押したように同じ造形であったので、ある意味では没個性的であった。そして1960年代以降に造られたディーゼル機関車はもう貨物専用なので、四角く凸型の造形をしていて機能的ではあろうが、美的要素に乏しく没個性的である。

ＥＭＤ社のＦシリーズももう引退してしまった現在、アメリカの鉄道はほとんど貨物列車だけで、どこでも同じ造形の機関車が牽引して走っているのみであり、鉄道趣味的にはほとんど無味乾燥な世界である。ただし、この半世紀においてディーゼルエンジンもインバーターやモーターも技術的進歩は目覚ましく、同じサイズの機関車ながら出力はだんだんと上昇してきた。そして、最新型の機関車を重連、３重連、４重連で使っているので、非常に重量が大きく長大な貨物列車を牽いて走行できるのは当然であり、日本と違って勾配区間が少なくその傾斜も緩いこともそれを後押しすることになっているのである。

中国の鉄道貨物輸送

最近は、とかく高速鉄道の大躍進が注目される中国の鉄道であるが、貨物輸送の効率化にも大いに注力している。石炭の大産地である大同から北京・天津などに向かう大秦線は石炭貨物専用線として、５両の電気機関車をつなげ２１６両の貨車を用いた積載量２万トンの貨物列車が運行されている。これは現在の日本における最重量貨物列車の十倍以上である。さらに、６両重連で出力３万kwの世界最強の電気機関車も開発されている。石炭は内陸部に存在し、消費地は沿海部に集積しているため、トラックに比べてコストが低く、大量輸送のできる鉄道が輸送の主力となってきた。

1949年から1978年までのおよそ30年間、すなわち改革開放前の中国では海上貿易が封鎖されており、貿易はほとんど社会主義国であったソビエト連邦や東欧諸国との間の内陸貿易のみで、鉄道輸送により行われてきた。その意味で鉄道貨物は日本やアメリカと違い、長期間にわたって中国の対外貿易と国民生活を支える重要な役割を果たしてきたのである。この時期においては、中国の計画経済体制の中で貨物は「計画貨物」と「計画外貨物」の二種類に分けられていた。計画貨物は石炭、コークス、石油、鉄鋼、穀物などエネルギー・原材料および戦略物資であり、これらは優先的に輸送されてきた。一方、計画外貨物は電子機械、金属製品、医療用品などの工業製品や副次的農産品であり、これらの貨物は貨車の余剰スペースがある場合のみ輸送できる体制であった。すなわち重量物優先輸送政策であり、鉄道もこれに従ってきたわけである。

しかし、政府が改革開放路線を採用すると海上貿易は著増した。すでにコンテナ時代に入っていたため、海上貿易における中国の海上コンテナ使用量は膨大なものになっていった。中国は鉄道貨物輸送におけるコンテナ輸送は国際的に見ても未だ遅れているが、鉄道輸送でもトラック輸送でも内航船輸送でも、全て一律に国際規格の海上コンテナをそのまま共通して使っている点は日本と根本的に異なっているのである。

１９５０年代以降、世界各国ではコンテナによる貨物輸送が展開され始めて、アメリカやヨーロッパではそれがトラック輸送や鉄道輸送にも速やかに採り入れられたし、日本でも１９６０年代からコンテナの鉄道輸送が始められ、今や主力になっている。ところが中国では、鉄道でのコンテナ輸送は１９９０年代に入ってからようやく始まっている。

それを管轄する政府機関は１９９５年に設立され、それが２００３年には中鉄集装箱輸送有限責任公司（China Railway Container Transport Corp, Ltd.＝CRCTC）となって、中国全土で鉄道コンテナ輸送業務を掌握するようになった。それでも中国全土での輸送機関別のコンテナ輸送比率では未だわずかである。２００６年における中国のコンテナ輸送量の交通シェアは道路が58％、水運が38％だが、鉄道はわずか5％を占めるに過ぎない。一方、鉄道貨物輸送のうち、コンテナ貨物の比率はわずか2・4％で、欧米での30〜40％、日本の70％に比べると断然低い。そのため、荷主や運送事業者はコンテナ貨車のスペースを確保するのに大変な時間と手間をかける状態が続き、膨大な商業貨物の輸送はトラックと水運に依存せざるを得ない状況となっている。

さて中国は、鉄道でカザフスタン、モンゴル、ロシア、北朝鮮、ベトナム、ラオスと直接

長大な編成で運行される中国の貨物列車〔提供：阿部真之『中国鉄道大全』（旅行人）〕

つながっている。中国の鉄道総延長8万キロのうち、複線化率も自動信号化率も電化率も奇しくも全てがほぼ40％とかなり整備されているが、鉄道網の分布は主に東北部と東部に集中しており、中西部は「鉄道インフラ過疎地域」である。鉄道貨物の輸送量では、石炭が11・2億トンに上り全輸送量の46％、石炭を含むエネルギー関係の輸送量が51％、原材料である鉄鋼、金属鉱石、非金属鉱石、鉱物、セメント、コークス、木材が32％を占めており、これらで鉄道貨物輸送の83％と高い割合を占めている。残るのが食糧品、農業品の輸送であり、電子機械、金属製品などの工業製品、商業用品の輸送は9％である。全て重量ベースなので不思議はないが、今後はこれらも重視されていくに違いない。

貨物輸送密度を見ると、日本は1・08百万トン／キロ、米国は11・03百万トン／キロ、ロシアは13・91百万トン／キロであるのに対して、中国は26・43百万トン／キロと世界でも異例な高密度輸送になっている。貨物列車の1日あたり運行便数も他国と比べて2〜3倍以

石炭輸送は中国の鉄道貨物で多くの輸送量を占めている〔提供：阿部真之『中国鉄道大全』（旅行人）〕

上多くなっている。世界で最も繁忙な中国鉄道は、全世界の6％を占める線路延長で全世界の約24％の貨物を輸送しているのである。

「一帯一路」⇒「中欧班列」⇒「ユーラシア横断高速鉄道」

中国の鉄道外交政策としては戦後、アジア、アフリカの一部に対してささやかな経済協力あるいは経済進出を意識した鉄道関係の支援は散見されるが、「鉄道外交」といえるような攻勢は21世紀に入ってからであり、特に自国の高速鉄道が軌道に乗った2007年頃から特に活発化し、2014年に習近平国家主席が提唱した「一帯一路」政策と結合して促進されている感が深い。

「一帯一路」政策が最も具現化している鉄道計画は「中欧班列」といい、2011年から始まった中国と欧州間の鉄道コンテナ輸送で、2015年頃から急増し、同年で815列車、2016年に1702列車、2017年3673列車、2018年6300列車、2019年8225列車、2020年に約1万2000列車と目覚ましい増加を見せている。また、貨物搭載率も94%まで上がってきている。積荷も最初は労働集約型の単一製品が中心だったが、現在ではハイテク製品も含めて多様化し、輸送品目はノートパソコンをはじめ、自動車・オートバイ部品、通信設備、機械、小型家電、食品、医薬品、医療機器など数十品目に及ぶ。一方、欧州からの輸送品目としては、完成車や医薬品などの高付加価値商品が増加している。

ルートは満州里経由のシベリア・ルート、二連浩特経由のモンゴル・ルート、阿拉山口経由のカザフスタン・ルートと3つあるが、重慶、成都発がメインのカザフスタン・ルートが7割近くの物量を占めている。現在、中欧間の所要日数は約20日であるが、最も扱いが多いのは内陸奥深い成都発着で2018年に1587列車、二番目も内陸の重慶で1000列車を超え、この2駅発着だけで全体の4割以上を占めているのだ。これに比較して中国東部沿海地帯の利用は少なく、ましてや韓国、日本からの接続利用は難しい。

そして、この「中欧班列」の先に中国が目論む三大ユーラシア横断高速鉄道構想があるのである。一つめは中国からカザフスタンを北上してシベリア鉄道に連絡するもの、二つめは中国からカザフスタン、ウズベキスタン、トルコを経由して欧州に至る中央アジア・ルート、そして三つめが中国からラオス〜タイ〜マレーシア〜シンガポールに達するものである。三つめのルートは未だ鉄道が未通の地域や貧弱な狭軌の在来線しかない地域がほとんどで、一から工事を始めなければならないが、沿線一帯は華僑経済の強い地域であり、欧州に達するルートに比べれば全長も短く、実現性は高いのかも知れない。2022年12月にはラオスのビエンチャン駅と中国の雲南省昆明駅を結ぶ中国ラオス鉄道が開通している。

中国として本命は第二のルートで、ここを1435㎜の標準軌の高速新線で一貫開通させることが一番すっきりするが、多額のコストと長年月を要するであろう。その点、中国が開発中とされる「時速400キロのFGT（フリー・ゲージ・トレイン）」の方がひょっとすると現実性が高いのかも知れない。日本の西九州新幹線でFGTの計画が頓挫したのは、1435㎜－1067㎜＝368㎜と車軸変更幅が大きいこともあっただろう。ところが、中国とカザフスタンやロシアとの間の車軸変更幅は1520㎜－1435㎜＝85㎜とずっと小さく、技術的にそれを克復するのはより簡単に思われる。現に中国は、FGT高速車両のバリエーションとして貨物用電車もラインアップしており、実現の可能性はかなりあるのではないだろうか。これこそ「中欧班列」の次にくる本命の「ユーラシア横断高速鉄道」なのかも知れない。

第7章

これからの鉄道貨物

「モーダルシフト」と物流業界の「2024年問題」

「モーダルシフト」の主目的は二酸化炭素（CO_2）排出量の削減にあり、1997（平成9）年に開催された第3回気候変動枠組条約締約国会議（COP3、京都会議）において提言され注目されるようになった。例えば貨物自動車の二酸化炭素排出量と比較すると、内航船は約20%で、鉄道は約12%と断然少ない。さらに、エネルギー効率を貨物自動車に比較すると内航船は19%、鉄道は16%とこれまた断然優位なのである。この意味で、貨物のトラック輸送を内航船輸送や鉄道輸送に切り替えることを「モーダルシフト」と呼び、さらなる効果として道路交通の混雑緩和、物流における人手不足（特にトラックドライバー）の解消、運賃の抑制などが期待される（**図7-1**）。この理念を否定する者はいないが、理念だけでは実現は難しく、そこには利害、手間、時間、コストといった要因が絡んできて、これらも斟酌した具体的対応策が必要になってくる。

そもそも物流は、出荷場所から入荷場所まで「ドア・トゥー・ドア」で完結するので、鉄道や内航だけではほとんど不可能だが、トラックならそれのみで完遂できる。そうすると、モーダルシフトの実現にはこの物流過程のうち、中間のできるだけ長い区間を鉄道や内航が受け持ち両エンドをトラックに任せるという役割分担を、どう築いていくかという問題にほ

図7-1　モーダルシフトの概念図

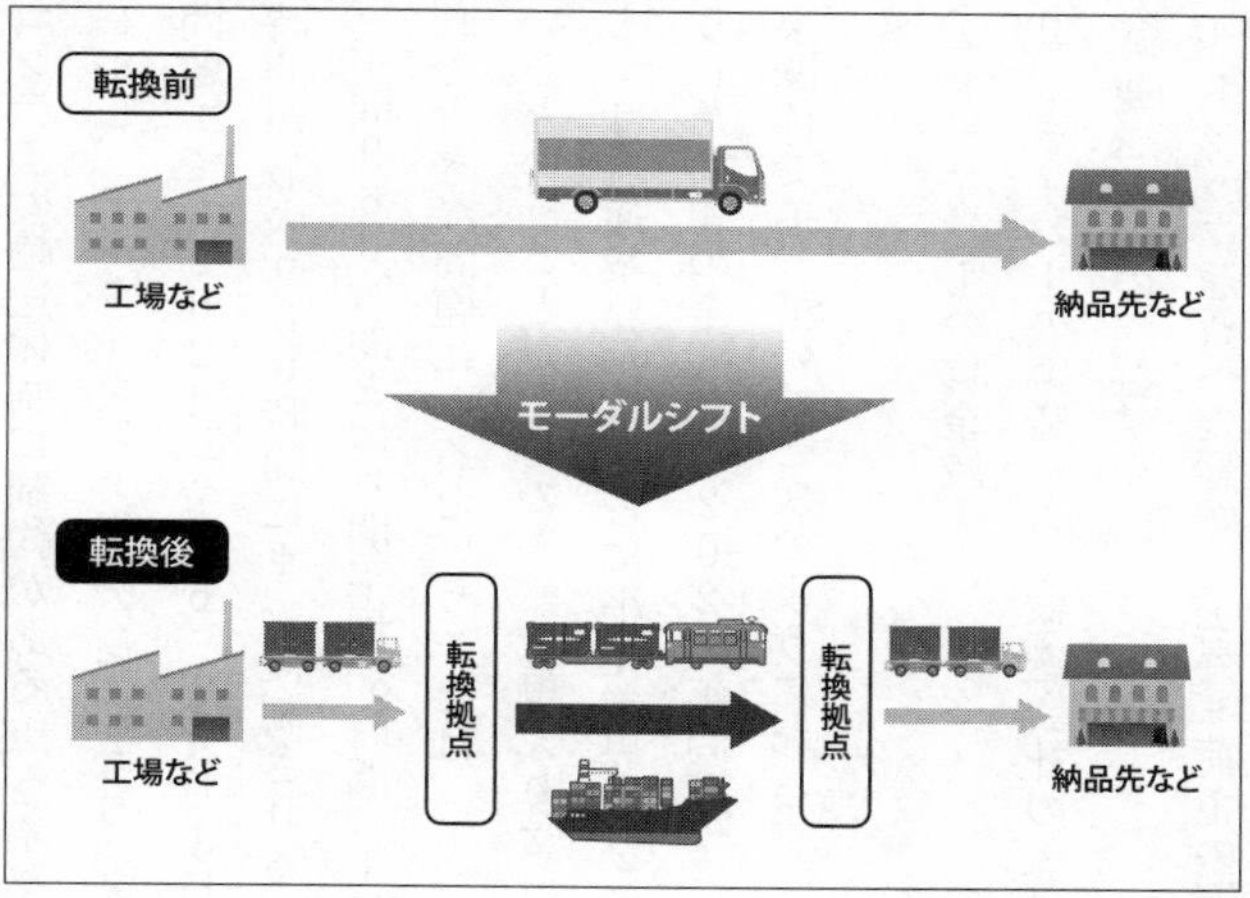

かならない。したがって、トータルの輸送距離が短い場合は鉄道が入り込む余地があまりないが、総輸送距離が500キロ以上の長距離輸送になればモーダルシフトの対象になりやすい。

ただし、東海道本線・山陽本線など貨物需要の多い路線では、旅客需要も大きく路線が混雑していることに加え、民営化以降の合理化で貨物用の中線や側線などの地上設備を撤去した駅も少なくないため、貨物列車の増発にはさらなる設備投資が必要になる。しかも線路や設備を保有するのはJR旅客会社各社であるため、このニーズは間接的なものとなることから投資に慎重にならざるを得ない。また、40フィート海上コンテナの輸送体制に制約がある点もネックとなっている。

しかし、モーダルシフトの追い風になりそうな要素が今騒がれている物流業界の「2024年問題」で、2024（令和6）年4月1日からトラックドライバーなどの年間の時間外労働時間が最大960時間にまで規制されることによって生じるさまざまな問題の総称である。年間960時間とは月間平均80時間、1日平均3～4時間に制限されるということだが、それで大きな問題になるということは、トラックドライバーは極めて長時間の残業労働をしているということだ。その過酷労働ぶりには改めて驚くが、ともかくこの新たな規制によってまずは流通業界が、さらに小売業界、ひいては物価など多大で広範な影響が予想される。こうした問題の全てが「2024年問題」なのである。この規制によって予想される影響を因果関係で追っていくと次のようになる。

①ドライバーの賃金減少
②ドライバーの離職による運送会社の人材不足
③運送会社の利益減少
④トラック運賃への転嫁・上昇＝荷主の運賃上昇

⑤商品への価格転嫁・上昇

この結果、輸送距離が５００キロ以上の場合、一人のドライバーで輸送することが事実上難しくなるといわれている。現在、ＪＲ貨物では輸送距離が１０００キロ以上の場合、50％以上のシェアを誇っているが、５００キロ以下になると５％を切っていて、ここに大きな壁があることになる。このような環境の中で、２０２３（令和５）年７月に国土交通省から「今後の鉄道物流の在り方に関する検討会」の中間報告があった。簡単にいえば、カーボンニュートラルの問題および２０２４年問題を背景とすること、鉄道貨物のシェアがトン・キロ換算で５％を切っていること、ＪＲ貨物の黒字体質への転換などの基本的な方向が示されている。そのための具体的方策として14項目が提示されているが、その中で重要と思われるものに絞ると次の３点があげられる。

①海上コンテナの海陸一貫輸送の強化
②災害時の輸送障害への対応
③新幹線による貨物輸送の具体化

歴史上仕方のないことではあるが、国際的に見て日本だけが小型の国内専用コンテナを多く利用しており、海上コンテナによる海陸一貫輸送が遅れていることは関係者も理解していることであろう。これについては実証実験も開始されることから、ぜひとも良好な成果が出ることを期待したい。次の災害時の輸送障害の対応については、地震・風水害に対しては鉄道だけでなく道路交通にも弱い面が多々あるが、鉄道は復旧に時間がかかることもあるため、トラックや内航海運も含めて、迂回ルートの設定や代替交通の手配、迅速に臨時便を出すなどといった貨物交通全体の連携がより必要になると思われる。また、新幹線による貨物輸送の具体化については、JR旅客各社で荷物輸送のトライアル輸送が始まっているものの本格的な貨物輸送については検討が始まったばかりであり、今後の推移を見守っていきたい。

物流の効率化に向けた取り組み

一般の人々には馴染みがないが、JR貨物の物流の効率化に向けた近年の取り組みとしては、「レールゲート」と「積替ステーション」があげられる。

「レールゲート」とは、大都市にある貨物ターミナル駅構内にマルチテナント型の物流施設を建設し、陸・海・空の物流結節点にすると同時にモーダルシフトの実現をも促進させせよ

東京貨物ターミナル駅に開設された物流施設「東京レールゲート」
（JR貨物提供）

うとする施設である。まずは2020（令和2）年、東京貨物ターミナル駅に「東京レールゲートWEST」を開設。2022（令和4）年には、その約3倍の規模を誇る「東京レールゲートEAST」も開設した。さらに、札幌貨物ターミナル駅においては札幌ドームの約1・6個分の広さを誇る「DPL札幌レールゲート」を開設しており、今後は仙台、名古屋、大阪、福岡などの貨物ターミナル駅構内に広げていく予定である。

同施設は、旅客駅でいえば「駅ナカ」のようなもので、集荷・配達・保管・荷役・梱包・流通加工の全てが提供でき、免震構造で72時間対応非常用発電機を備えBCPにも対応するなど、生産性向上に大きく貢献する先進的物流施設といえるだろう。

また「積替ステーション」は鉄道貨物輸送の利用者が、これまでのように専用のトラックで荷を積んだコンテナを貨物駅に持ち込むのではなく、一般のトラックで荷物を持ち込んで鉄道コンテナに積み替えられる施設で、物流の効率化はもちろん、トラックドライバーの長時間労働の緩和や労働力不足への対応のほか、トラックの有効活用も可能になる。第一号は2023（令和5）年に新座貨物ターミナル駅構内に開設されており、その後、岐阜や青森でも開設されるなど、小口貨物の受発送に大きく貢献できる施設として期待される。

災害時の輸送ルート確保に向けて

さて、東日本大震災のような大規模災害が起きた場合、現地の交通網が破壊されているため、旅客輸送にも貨物輸送にも対応が必要となり、それは迂回路の策定ということになる。鉄道貨物輸送の迂回輸送としては、東日本大震災の際に東北線が不通のため、貨物輸送がすでに廃止されていた磐越西線を経由して灯油やガソリンを被災地に輸送した事例などがあげられる。しかし、機関車によっては走行できる線区が限られているため、迂回ルートの設定も簡単ではない。そこでJR貨物では、東海道線や東北線が被災した場合に日本海側のルー

東日本大震災で東北線が不通となったため、磐越西線を迂回して灯油やガソリンを被災地に輸送した

トを経由して迂回輸送をするため、主に東北線で運用されているＥＨ５００形交直流電気機関車を日本海側の各線や上越線などで走行できるよう改造を行っており、よりスムーズな迂回輸送が実現できるよう対策を進めている。

　またトラックや船舶など、他の輸送モードとの連携強化も不可欠だ。特に本州と九州を結ぶ大動脈である山陽線は、現状では迂回ルートの設定が難しいことから、災害時にはトラックや船による代行輸送に頼らざるを得ない。

　そこで、トラックの代行輸送では、応援に来たトラックの駐車場やドライバーの宿泊施設が必要になるため、周辺自治体等との協定締結などを通じて事前確保に取り組んでいる。また具体的な取り組みとしては、山口県周南市にある新南陽駅を山陽線被災時の輸送拠点とするため、コンテナホームを拡張して取り扱い可能な貨車を約2倍に増やすほか、代行輸送に使うトラックの駐車場の整備を進めている。

さらに、船舶による代行輸送では、港湾と連携して災害時の荷役作業の手配などを円滑に進めることが肝要である。この迂回運送に向けて、ＪＲ貨物はセンコーグループホールディングスと共同で、総トン数４９９トン型貨物船１隻を新造し、２０２４（令和６）年春に竣工する予定だ。同船は、平常時にはセンコー海運グループが運航するが、自然災害等が発生し鉄道ネットワークが寸断された場合には、ＪＲ貨物が実施する災害代行輸送に投入されることとなっており、保有比率はセンコーグループが70％、ＪＲ貨物が30％で、載貨重量は１６００トン、12フィートコンテナを80個積載できる。

ＪＲ貨物では、こうした施策の実施によって輸送モードを複線化し、代行輸送力を強化する取り組みを進めているのである。

海上コンテナ輸送の鉄道への取り込み

前述したが、世界ではコンテナといえば、海上コンテナ＝ＩＳＯコンテナのことを指し、

JR貨物がセンコーグループホールディングスと共同発注した貨物船のイメージ（JR貨物プレスリリースより）

それが船舶、トラック、鉄道などの輸送に共通で使われている。ところが、日本では歴史的にコンテナとしては短く、軽く、背も低い国内専用のコンテナが普及した。一方、日本でも輸出入貿易貨物にはもちろん海上コンテナが使われ、港湾と貨物主の間の輸送もそのまま行われているが、その国内輸送はほとんどトラック輸送で行われているため、できるだけ多く鉄道輸送に取り込みたいという期待がある。

海上コンテナの主体は20フィート（約6メートル）と40フィート（約12メートル）の2種類で、高さは8フィート6インチ（約2・6メートル）のほか、9フィート6インチ（約2・9メートル）のハイ・キューブ・コンテナ（背高コンテナ）も普及している。海上コンテナの最大総重量（自重も含めたコンテナ全体の制限重量）は、20フィートタイプで約18〜24トン、40フィートタイプでは約27〜30トンであるが、世界的な物流環境の変化に伴い、近年製作されている20フィー

鉄道による海上コンテナ輸送の拡大が期待される

トタイプでは約30トン積めるタイプも出てきている。すなわち国内用コンテナに比べて長く、高く、重いという物理的問題も鉄道貨物にとって障壁になっている。

日本では1967（昭和42）年に外航船で海上コンテナが使われ始め、将来その増加が充分予想されたことから、当時の国鉄は翌1968年から海上コンテナの運搬を開始したが、1978（昭和53）年頃には取り止められてしまった。JR貨物になって1989（平成元）年には再開されたものの、未だ鉄道貨物による海上コンテナ輸送は拡大していない。

その理由としては、日本のJR線の軸重制限が低く、車両限界も小さいため、海上コンテナを運べる路線が非常に限定されてしまう

超低床コンテナ貨車コキ73形。右隣のコキ100系と比べると床面の高さの違いがわかる

図7-2　超低床コンテナ車のイメージ

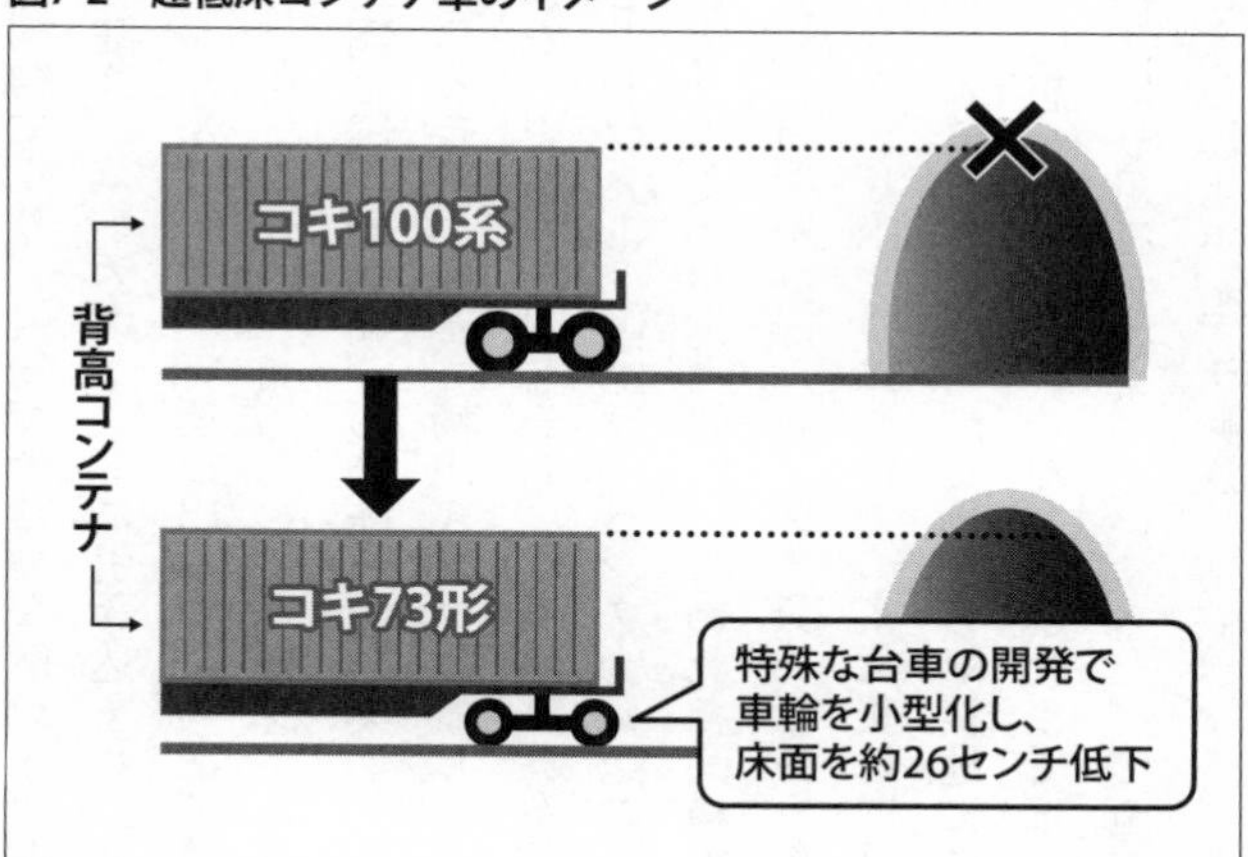

からであり、さらに背高タイプではトンネル断面の制約により、輸送できるのが関東〜東北方面の一部に限定されてしまうことにある。また、港湾のコンテナヤードに引き込まれている鉄道路線も現在ではほとんどないため、港からいったんトラックで運び出し、貨物駅で積み替えるといった二段構えの作業が必要となるのである。

これは鉄道貨物輸送の面から考えると「国際輸送網と国内輸送網との分断」といえ、そもそも鉄道貨物に適しているのは大ロット貨物であることを考えると、輸出入貨物は概して大ロットなため、それを輸送できない現状は誠に残念なことである。しかし、2023(令和5)年11月に超低床コンテナ貨車コキ73形を使用した40フィート国際海上コンテナ輸送の実証実験が、横浜本牧〜東京貨物ターミナル〜新潟貨物ターミナル・大館間で行われた(横浜本牧〜東京貨物ターミナル間はコキ100系に積載)。新潟県は海上コンテナ貨物を扱う新潟東港からの海陸一体輸送が可能となる「オン・ドック・レール」についての事業化に向けた検討を進めているほか、秋田県大館市は貨物の輸出入拠点として大館貨物駅の隣接地にインランドデポ(内陸保税通関物流施設)を整備する構想を推進しているなど、これまでほとんど輸送できなかった輸出入貨物の鉄道輸送に向けた取り組みが始まっているのだ。国全体の貨物物流政策の一環として、今度こそ鉄道貨物による海上コンテナ輸送に道筋がつくことを期待したい（**図7−2**）。

宅配便輸送における鉄道の再興のためには

現在、「宅配便」といえば、大手各社によるトラックでの宅配便しか想像しないし、ドア・トゥー・ドアで見れば、トラックしかわれわれの目に入らないのは当然のことだ。宅配便の輸送においては、両エンドの集配輸送はトラックのみで行われているが、それぞれの中継箇所の間を結ぶ比較的長距離の輸送手段は、大型トラックで運ばれるものと、鉄道で運ばれているものがある。しかし、両者を重量で比較すると、約58百万トン対約３百万トンで、その比率は95％対５％となっているのだ（**表7−1**）。

前述したとおり国鉄では、戦前の１９３０年代から戦後しばらくにかけて、宅配便の元祖ともいえる「宅扱い」制度を設けており、中間輸送を鉄道が担って、両サイドの配送をトラックで行うサービスを行っていた。両サイドでの集配は、日本通運

表7-1　2021年の貨物輸送量と宅配貨物輸送量　（単位：1000トン）

輸送機関	総貨物	うち宅配貨物
自動車	3,888,397 (90.1%)	58,448
鉄道	38,912 (0.9%)	3,130
内航船	324,659 (7.6%)	
航空	557 (0.0%)	
合計	4,252,525 (100%)	

などの通運業者との連携で行っており、当時は全行程をトラックで運ぶ現在の宅配便のような体制はなかったのである。

高速道路網が発達した現在では、鉄道貨物による宅配便輸送のシェアは５％に過ぎないが、２００４（平成16）年に運行を開始した貨物電車「スーパーレールカーゴ」は、東京～大阪間を佐川急便の１列車貸切輸送で運行されているなど、鉄道による宅配便輸送にはまだまだ可能性があるはずである。「２０２４年問題」や「モーダルシフト」への取り組みも踏まえると、各者が改めて知恵を出しあうことによって、鉄道の宅配便貨物輸送のシェアはさらに拡大できると考えている。

中距離輸送の取り込みに向けて

ここで前述した「トン・キロ」の指標に基づいて、ＪＲ貨物の貨物列車が平均距離で何キロ輸送したかを10年刻みで見てみよう（表7-2）。

表7-2　鉄道貨物の年間輸送量と平均輸送距離

年	輸送量（トン・キロ・ベース）	輸送量（トン・ベース）	平均輸送距離（キロ・ベース）
1990年	26,728百万トン・キロ	58,400千トン	458キロ
2000	21,855	39,620	552
2010	20,228	30,790	657
2019	19,669	29,223	673

残念ながら、鉄道貨物の年間輸送量はトン・キロ・ベースでもトン・ベースでも減少してきているが、平均輸送距離はかなり伸びてきていて、最近では673キロにも達している。島国である日本のこの距離は、大陸国家の中国の鉄道貨物の平均輸送距離と極めて近いことは前述した。2019年で見ると、自動車が49キロ、内航船が497キロ、航空で1064キロであり、平均輸送距離では自動車で極端に短く、内航船、鉄道で大きく伸び、航空では自動車の10倍以上になっている。

では、これと同じ年度で、四つの交通機関がそれぞれどのくらいのシェアを占めてきたかを、同じくトン・キロ・ベースとトン・ベースで対比してみよう（**表7-3**）。

これからも明らかなように、今後鉄道はこれまでよりも短い輸送距離の貨物を獲得していく必要があるだろう。貨物の配送はドア・トゥー・ドアで完結する限り、鉄道も内航船も航空も両エンドの輸送は自動車に頼らざるを得ないため、鉄道による50～100キ

表7-3　交通機関別のシェア

年	トン・キロ				トン			
	自動車	鉄道	内航船	航空	自動車	鉄道	内航船	航空
1990年	50.2%	5.0%	44.7%	0.1%	90.2%	1.3%	8.5%	0.0%
2000	54.2	3.8	41.8	0.2	90.6	0.9	8.4	0.0
2010	54.7	4.6	40.5	0.2	91.6	0.9	7.5	0.0
2019	52.9	4.9	42.0	0.2	91.8	0.9	7.2	0.0

ロの近距離輸送は物理的に難しい面があるが、輸送距離が300〜400キロの貨物輸送において、「モーダルシフト」や「2024年問題」を追い風に、トラック業者や通運業者、国土交通省などとともに取り組みを進め、徐々にシェアを上げていくことを期待したい。

北海道の貨物列車の存続問題

北海道では2030年度末の開業が予定されている北海道新幹線新函館北斗〜札幌間の工事が進んでいるが、貨物列車に関連して悩ましい問題が起こっている。同新幹線の開業に伴い並行在来線となる、函館線函館〜長万部間の存続問題である。従来、整備新幹線の開業に伴う並行在来線の扱いは、急勾配で特殊な区間である信越線横川〜軽井沢間を除き、第三セクターに経営が移管される場合はあったものの線路としては存続していて、旅客列車の運行頻度が減ったり、長距離の直通運転がなくなる事態はあったが、貨物列車はそのまま継続して運行されている。ところが北海道新幹線の場合、在来線である函館線の採算が厳しい状況なので、経営分離される並行在来線を廃線にすべきとの主張が出てきたのだ。

函館線は函館〜長万部〜小樽〜札幌〜旭川を結ぶ路線で、このうち並行在来線となるのは函館〜札幌間となる。現在、函館〜長万部間では函館と札幌を結ぶJR北海道の特急「北斗」が上下あわせて20本以上走っており、数多くの貨物列車も運行されているため最重要ルートである。一方、「山線」と通称される長万部〜札幌間のうち、特に長万部〜小樽間は急勾配や急曲線が続くうえに単線でスピードアップには不利なことから、札幌方面を結ぶ特急列車も貨物列車も30キロ以上も遠回りになるものの、線形もよく沿線人口も多い「海線」の室蘭線・千歳線を経由し、山線ルートは事実上ローカル線と化している。

函館〜札幌間のうち、利用者数の多い小樽〜札幌間はＪＲ北海道が引き続き運行することとしており、これ以外の並行在来線区間はこれまでであれば第三セクター化されるところだが、函館〜新函館北斗以外は目途が立っていない。特に長万部〜小樽間の状況は一段と厳しいため、廃線にしてバス輸送で代替する案が現在のところ有力となっている。そして、新函館北斗〜長万部間についても北海道新幹線の開業後は特急列車の運行が終了するため、旅客路線としては廃止する意向を沿線自治体が示しており、同区間の線路がなくなる可能性が高くなってきた。しかし、そうなると本州と北海道を結ぶ貨物列車の運行が全てできなくなってしまうのだ。

本州〜北海道間で鉄道が運んでいる貨物の全量をトラックや船舶に移管することは非現実的であり、国として北海道を含む北日本および地域の貨物輸送の骨格をどのように維持していくかといった問題でもあることから、国土交通省、北海道、ＪＲ北海道、ＪＲ貨物の４者で協議が行われ、同区間については鉄道貨物機能を維持する方向になるようだ。具体的には、第三セクターが線路を保有して貨物専用線とし、ＪＲ貨物が貨物列車を運行する「上下分離方式」などが検討されていくのであろう。

新たな新幹線貨物列車構想

最後に今後大きく期待できる話題として、新幹線における新たな貨物列車構想に触れてみたい。現在運行している新幹線のうち、東海道新幹線はすでに飽和状態であるが、東京〜大宮間を除く東北新幹線の仙台以北、上越新幹線、北陸新幹線などはまだダイヤに余裕があり、大消費地である首都圏・東京に直結する。ここに新幹線の貨物列車を走らせれば、大きな需要も期待できる。

２０２２（令和４）年７月、国土交通省が「今後の鉄道物流のあり方に関する検討会」の中間報告をとりまとめた際、貨物新幹線計画の推進が明記されて注目を集めており、ＪＲ貨物は同年11月に貨物新幹線車両のイメージ図を公表している。この図を見ると、電気機関車がコンテナ貨車を牽引する動力集中方式ではなく、外観が旅客タイプに近い車両にパレット

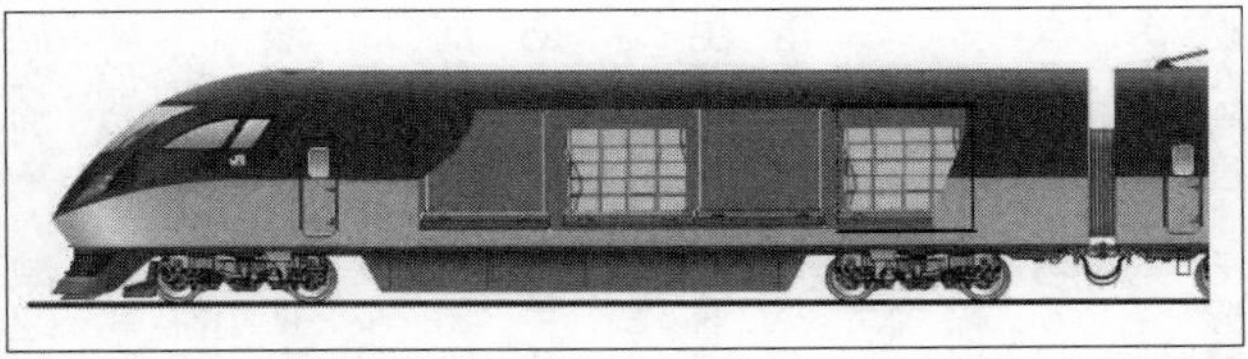

貨物新幹線のイメージ図　（資料：JR貨物）

積み貨物を積載する動力分散方式のようだ。さらにJR貨物の犬飼新社長は、2023（令和5）年2月4日付の日本経済新聞で「貨物新幹線の導入については2030年をめどに判断したい。北海道新幹線が札幌延伸される時期までに課題を洗い出す。北海道・東北新幹線での運行を念頭に、JR東日本やJR北海道と線路使用の交渉を進めるほか、車両開発への協力を求める」などと貨物新幹線への対応を明らかにしている。

貨物新幹線は東北・北海道新幹線での導入が検討されているようだが課題も多く、線路設備の負荷になる車両重量の問題をはじめ、貨物用の駅や車両基地の立地のほか、運行時間帯の検討も必要となるだろう。また貨物新幹線以外にも、在来線の貨車を新幹線サイズの車両内に積んで運ぶ「トレイン・オン・トレイン」といった構想があるものの、いずれも実現までのハードルは高そうだ。しかし貨物新幹線の運行が実現すれば、2016（平成28）年3月の北海道新幹線新函館北斗開業以降に問題となっている青函トンネルでの新幹線旅客列車の減速運転や、在来線貨物列車との速度差の問題はほぼ解消できるほか、前述した函館線の廃線問題においても貨物の輸送には目途が立つことになる。

さらに、本格的な貨物専用の新幹線ではないが、既存の旅客用新幹線車両を使っての荷物輸送実験がＪＲ東日本によって始められている。２０２３年６月に東北新幹線新青森～大宮間で、同社グループが展開している荷物輸送「はこビュン」のサービスとして生鮮品や電子部品などの荷物輸送を実施した。これは通常ダイヤの旅客列車のうち３両を使ってのものであったが、同年８月には新幹線の車両基地から専用に設定された臨時列車に荷物を載せて運ぶ本格的な実験を行い、上越新幹線新潟～東京間を１往復して、鮮魚、青果、菓子、酒類、生花、精密機器部品など約７００箱と、医療用医薬品や雑貨など約１００箱の合計約８００箱を輸送している。

速達性・定時性に優れる新幹線なら、東京～新潟間で約２時間半、東京～新青森間では３時間程度で輸送でき、二酸化炭素排出量の削減や「物流の２０２４年問題」の緩和策にもなることだろう。こうした取り組みが本格的な貨物新幹線実現の追い風になっていくことを期待するとともに、これまで２度にわたって実現までに至らなかった高速鉄道による貨物輸送が今度こそ線路上を走ることを願っている。

終章

鉄道貨物における
収益と公益のバランス

私は最近、別著の中の一節で「宗谷本線」について、熱を入れて書いた。北海道・道北の新旧地図を見比べると、以前は最北の宗谷を走る線として内陸を走る宗谷本線はもちろん、東のオホーツク海沿いにも西の日本海沿いにもほぼ線路が通い、三本が終点の稚内に向けて集まっていたのである。現在では宗谷本線の一本だけになってしまったが、その稚内〜名寄間にも廃線論議が持ち上がっている。これに対して、私は「収益と公益のバランス」という観点から考えを述べたのだが、本著の終わりにも別の切り口からこれを述べたくなったのである。

ここまで日本では論議されたことは多くないが、欧米では鉄道において列車の運行を担う主体＝「上」、インフラ維持＝「下」という「上下分離」の概念がかなり前から提唱され論議されてきた。戦後、アメリカでは航空機とトラック輸送に押されて幹線旅客鉄道の経営が全て成り立たなくなったが、一方では国土が広く重量貨物は多いので貨物輸送で経営を存続できる鉄道会社はかなりあった。自由主義経済思想の強いアメリカでは、各社の意向に任せたところ、いろいろ紆余曲折はあったが、貨物輸送でも成り立つ鉄道会社のみ存続した結果、1910年代の最盛期に達した線路総延長約40万キロのうち、半分の約20万キロが生き残り、現在も貨物輸送を行っている。

しかし、いくらアメリカでも幹線の旅客鉄道輸送を全廃してしまうわけにはいかず、政府は公益上、重要路線に絞って存続させることにした。そこでできたのが国営旅客公社「アムトラック」で、その線路施設を公社で借り上げて旅客列車を運行することになり、この体制がもう半世紀以上続いている。この結果、アメリカの鉄道旅客輸送は線路保有という「下」はほぼ貨物会社で、列車運行という「上」は政府が行うが、貨物輸送は全て「下」も「上」も民営の貨物鉄道会社が行っている。

イギリスは戦後、労働党政権時代に鉄道全般が国有化されたので、旅客輸送も貨物輸送も全て、また「下」も「上」も両方とも政府管理となった。しかしその後、保守党政権になり自由経済が叫ばれると、ここでも紆余曲折はあったが、旅客輸送も貨物輸送も大いにコストがかかる「下」は政府が管理し、「上」は民営会社が複数で競争して列車を走らせる体制になった。

またフランスでは、戦前の１９３７年に旅客輸送も貨物輸送も全て国有化され、戦後いったんは民営に戻されたが、再び国営に戻されている。すなわち基本的には１９８７年以前の日本の「国鉄」と同じ体制になっているのである。

こうした中で、改めて日本の現行の体制を見ると、旅客輸送については６地域に分かれてJR旅客6社が、「下」も「上」も管理するが、貨物輸送はJR貨物1社が全国をカバーすることになった。ただし、「下」は全てJR旅客6社が管理し、「上」はJR貨物が運行する体制である。

このような歴史的経緯の中で日本、イギリス、フランス、アメリカという4ヵ国の鉄道貨物輸送の体制を対比すると**表**のようになる。

単純な表であるが、ここには鉄道貨物輸送のコストに関わる実に重要な問題を孕んでいるのである。アメリカのように国土が広く、長距離の重量貨物輸送需要が大きい国では、「下」も「上」も民営という自由経済方式でも成り立つであろうが、日本、イギリス、フランスのように国土が狭くて、長距離の重量貨物輸送需要が多くなく、短距離の軽量貨物輸送需要が多くを占める国では、トラック輸送に押されて鉄道貨物輸送の採算は厳しく、全てを自由経済下の民営で行うこ

表　国別鉄道貨物機能分担

国名	機能	担当組織
日本	列車運行	貨物鉄道会社
	線路保有	旅客鉄道会社
イギリス	列車運行	貨物鉄道会社
	線路保有	線路保有公社
フランス	列車運行	国有鉄道
	線路保有	国有鉄道
アメリカ	列車運行	貨物鉄道会社
	線路保有	貨物鉄道会社

とは極めて厳しい。

JR貨物はJR旅客6社に「線路使用料」を支払っているが、もし「下」というレール保有管理が国有であれば、公益性を重視する政府においてならば線路使用料は「コスト以下」が期待できるし、実際イギリスやフランスではそうなっているのである。特にフランスの場合は「下」だけでなく「上」までコスト以下で行けるように政府が面倒を見ているのである。

だからといって、私は全てを国鉄に戻すべきというつもりはない。国鉄自身から出た声と行動から成就した民営化であるし、それによってもたらされた大きな成果は確かに確認できる。しかし公益を重視すれば、前述の北海道と本州を結ぶ貨物列車の運行に必要不可欠な函館本線の廃線議論なども見方は大いに変わってくる。結局、これらの問題は「収益と公益のバランス」という問題であって、全国的な交通体系として存続していく必要がある鉄道貨物については、他の交通機関との競争および協調も含め、国全体として熟考されるべきであろう。

あとがき

本書を書き終えて改めて振り返ると、楽しみながらも難しい面も数多くあった。鉄道貨物輸送というものは旅客輸送に比べて、一見単純のように見えるかも知れないが、実は複雑な面が多い。特に戦前から戦後にかけての鉄道貨物輸送の核心であった操車については、複雑な線路配線地図と専門的固有名詞が多出する昭和の専門書を参考に、骨格をわかりやすく書いたつもりである。全体をとおして一部にやや不完全な点はあるかと思うが、日本をはじめとした鉄道貨物の全体の流れはわかっていただけると思う。

一方、最近の鉄道貨物輸送については文献が数多くあり、類書も多く出版されていることから、よく考えて整理しないとかえって焦点が掴みづらい。そこで、過去から現代に至る時間順の歴史的記述ではなく、まずは馴染みやすいＪＲ貨物について、取り組みやその経緯などを紹介して、その後に隆盛を誇った戦後をはじめとする過去の鉄道貨物について詳説することとし、最後に未来に向けた取り組みやその課題などについて取り上げることとした。

そんな中、ＪＲ貨物、すなわち日本貨物鉄道㈱の総務部・広報室の西部隆宏室長、鈴木晃一氏、稲垣篤史氏にはご多用中、ご懇切な説明をいただくとともに、『貨物鉄道百三十年史』という上中下巻にわたる大著を頂戴し、大いに参考になった。そして、今回で三度目の上梓をさせていただく交通新聞社新書であるが、主に担当してくれた堀内研哉氏をはじめ、太田浩道氏、高橋茉由氏、そして長年にわたり三冊全てでお世話になった月刊『旅の手帖』編集長の山口昌彦氏には陰に陽に何かとバックアップしていただいた。ここに厚く御礼させていただきたい。

２０２４年２月　小島英俊

〈主要参考文献〉

◆『図版 世界の蒸気機関車』：ルチアーノ・グレッジオ著／青木栄一、海野裕子共訳：講談社：1981年
◆『世界の駅・日本の駅』：小池滋、青木栄一共著／和久田康雄編：悠書館：2010年
◆『世界鉄道文化史』：小島英俊：講談社学術文庫：2022年
◆『鉄道旅行の歴史』：W・シヴェルブシュ著／加藤二郎訳：法政大学出版局：1982年
◆『日本国有鉄道百年写真史』：日本国有鉄道：交通協力会：1972年
◆『図版 日本鉄道会社の歴史』：松平乗昌：河出書房新社：2010年
◆『イギリスの交通』：フィリップ・S・バグウェル、ピーター・ライス共著／梶本元信訳：大学教育出版：2004年
◆『鉄道ピクトリアル』2013年7月号・特集「貨物列車」：電気車研究会：2013年
◆『図説 駅の歴史』：交通博物館編：河出書房新社：2006年
◆『鉄道技術の日本史』：小島英俊：中公新書：2015年
◆『電気機関車とディーゼル機関車』：石田周二、笠井健次郎：成山堂書店：2015年
◆『鉄道貨物 再生、そして躍進』：伊藤直彦：日本経済新聞出版社：2017年
◆『鉄道貨物輸送とモーダルシフト』：福田晴仁：白桃書房：2019年
◆『貨物鉄道読本』：「旅と鉄道」編集部：旅鉄BOOKS：2021年
◆『新しい貨物列車の世界』：交通新聞社：2021年

主要参考文献

◆『貨物列車』：高橋政士、松本正司：秀和システム：２０１１年
◆『ＪＲ貨物グループレポート２０２１』：ＪＲ貨物グループ：２０２１年
◆『こんなものまで運んだ日本の鉄道』：和田洋：交通新聞社新書：２０２０年
◆『貨物列車のひみつ』：ＰＨＰ研究所：２０１３年
◆『国鉄時代の貨物列車を知ろう』：栗原景：実業之日本社：２０２３年
◆『鉄道ピクトリアル』２００３年11月号・特集「民営の貨物鉄道」：電気車研究会：２００３年
◆"ＣＯＲＰＯＲＡＴＥ ＰＲＯＦＩＬＥ"会社案内：ＪＲ貨物
◆『貨物鉄道百三十年史・上巻』：ＪＲ貨物：２００７年
◆『貨物鉄道百三十年史・中巻』：ＪＲ貨物：２００７年
◆『貨物鉄道百三十年史・下巻』：ＪＲ貨物：２００７年
◆『中国鉄道大全』：阿部真之、岡田健太郎：旅行人：２０１１年
◆『アメリカ鉄道情報』Ｖｏｌ．５：佐々木也寸志：トレインウェーブ：２０２１年
◆"The American Freight Train"：Jim boyd：MBI Publishing Company：２００１年
◆"British Freight Train"：John Jackson：Amberley Books：２０１７年
◆"The Atlas of British Railway History"：Michael Freeman：Mackay of Chatham：１９６５年
◆"The Railway Station"：J Richards 'J Mackenzie：Oxford University Press：１９８６年
◆"The Official Rail Book of Trains"：Michael Bowler：Chancellor Press：１９９３年
◆"The Atlas of British Railway History"：Michael J.Freeman：Routledge Kegan & Paul：１９８６年

小島英俊（こじま ひでとし）
1939年東京都生まれ。東京大学法学部卒。三菱商事の化学部門において国内外で勤務し、退職後に起業、代表取締役を務めた。鉄道史学会会員。鉄道史、日本近代史、歴史小説の分野で執筆。著書に『鉄道快適化物語』（2019年交通図書賞受賞・創元社）、『昭和の漱石先生』（2019年歴史文芸賞受賞・文芸社）、『新幹線はなぜあの形なのか』『限界破りの鉄道車両』（交通新聞社新書）、『旅する漱石と近代交通』（平凡社新書）など。

交通新聞社新書176

貨物列車のあゆみ

鉄道貨物の歴史と未来

（定価はカバーに表示してあります）

2024年3月15日　第1刷発行

著　者――小島英俊
発行人――伊藤嘉道
発行所――株式会社交通新聞社
https://www.kotsu.co.jp/
〒101-0062　東京都千代田区神田駿河台2-3-11
電話　(03) 6831-6560（編集）
(03) 6831-6622（販売）

カバーデザイン―アルビレオ
印刷・製本―大日本印刷株式会社

ISBN978-4-330-01024-3